今から時計を見て、1分間計ってみてください。

意外と長く感じませんでしたか？
この1分を使って
毎日、元気と喜びにあふれた理想の人生を
実現するお手伝いをするのがこの本のテーマです。

日本の自己啓発の源流である
中村天風先生の不変の真理は、
政界、経済界、スポーツ界、文芸界、芸能界など、
あらゆる業界の成功者たちから
100年以上、学び続けられています。
今なお、20代の若い世代から
幅広い年代の成功者に支持されている、
最も歴史のある人生哲学です。

今日から幸福になって遅くないのであります

『君に成功を贈る』より

もし、今、
人間関係に不安があるとしても、
仕事の悩みがあるとしても、
お金の心配があるとしても、
体に元気が足りないとしても、
あなたは安心して大丈夫。
今日から、自分自身の力で幸せな人生を歩む
心の使い方を知るからです。
怒り、不安、恐怖、悩み、心配を消し、
楽しさ、喜び、勇気、感謝、幸福に満ちた
人生を歩むことができます。

理想の人生を歩む覚悟は決まっていますか？

人間の心で行われる思考は、
人生の一切をつくる

『力の結晶』より

思考は現実化します。
よくも悪くも、イメージしたことが形となり、
あなたの人生はつくられます。
当然ですが、イメージできることしか、
人間は実現させることができません。
「こうなりたいな」
「ああしたいな」
「こうなったらどうしよう」
「ああならなければ、いいけれど」
と考えたことを、
あなたは意識的にも、
無意識的にも実行していきます。
そこで、一番大切なのが積極的な精神です。

特に意識的に、
積極的の事柄のみを想像し、
思念するということを
やるんですよ

『心を磨く』より

不運、困難、逆境に直面したとき、
成功や幸せをつかもうと思い立ったとき、
あなたに与えられている武器は、
心だけです。
経験、人脈、仕事、お金は不確実なものですが、
心だけは常に使える唯一の武器です。
頼るものがなければ、
心を思う存分使うしかありません。
これしかないのですから。
積極的な心と消極的な心、
どちらが自分を助けてくれるかは明白です。
どんなときも、ポジティブに前向きであるという
選択肢しかありません。
積極的な心は、潜在意識にいい影響を与え、
人生をより良い方向へ導きます。

何もかもすべて
この潜在意識の力に任せて
生きるようにしてごらん

『力の結晶』より

私は潜在意識の世界的権威から、世界初のグランドマスターとして認定された、
いわば潜在意識についての専門家です。

一般的に意識は、顕在意識と潜在意識に分けられ、
おおよそ、顕在意識４％、潜在意識96％の割合だと言われています。

私たちは、ほとんどのことを無意識で行なっているということです。

潜在意識は、無意識状態での選択と行動を行ないます。

だからこそ、潜在意識には積極的な要素を溜める必要があります。

無意識レベルでのポジティブな選択と行動が、理想の人生を形づくるからです。

潜在意識は、顕在意識の影響を強く受けます。

意識があるときに考えたことは、潜在意識に折り重なり溜まっていきます。

日々の生活で怒りや恐怖、不安を感じたり、心配ばかりしていると、
潜在意識は自分の人生は苦難の人生だと認識します。

そして、苦難の人生を送るように選択と行動を取るように働きます。

楽しさ、朗らかさ、喜び、勇気、感謝、幸福を感じていれば、自分の人生には価値があると認識し、
潜在意識は理想の人生が実現するように選択と行動を行ないます。

言葉には人生を左右する力があるんです。
この自覚こそが人生を勝利にみちびく
最良の武器なんですよ

『君に成功を贈る』より

あなたは100%ポジティブに生きることができます。
成功と幸せしかない世界で生きることができます。
本書では、積極的精神をつくる
天風先生の91の名言を紹介しています。
そして、その言葉を私なりに
〝潜在意識を働かせる〟という視点から解説しています。
1日1分、一項目読むと、思考が変わり、
自分が変わっていくことに気づくでしょう。
各章では1週間の人の気分の変化を考えて、言葉を配置しました。
自分を大切にする、人間関係を良好にする、
理想・成功へ前進する思考が身につきます。
それぞれ独立したものとして読むこともできるので、
気の向くままに好きなページを読んでもかまいません。

人間、この世に患(わずら)いに来たとか、
不運になりに来たのならば
ともかくも、そうじゃないんですもん

『真人生の創造』より

私は交通事故に遭い、死と自分の距離がとても近いことを知りました。
事故によるその後の苦悩の日々から、なんとか状況を打開しようと、
日本も含め、世界中の自己啓発プログラムを学んできました。
そして、最も人生の本質を教えてくれるのが、
世界のどこでもない、日本の天風哲学であると感じています。
天風先生は何度も死を乗り越え、真理を導き出しました。
死と隣り合わせの状況から、生み出されたものは強い。
真理を導き出す、使命感と気迫が違います。
だからこそ、あらゆる業界の幅広い世代の成功者に
天風先生が亡くなった後も、今なお支持されているのです。
ご著書は、当時の言葉で書かれていますが、
現代の社会、科学から考えても納得できる内容だと私は感じています。
あなたが毎日朝から元気になり、
理想の人生をつくるために本書は生まれました。

井上裕之

本来から言ったら、
みんなえらくなる素質を
持ってるんだ

『心を磨く』より

◆中村天風先生を初めて知った人へ

中村天風先生は、１８７６年に生まれ、１９６８年に92歳で亡くなられました。

１８９２年、陸軍中佐に同行し、日清戦争開戦前の満州、遼東半島方面の偵察・調査を行ないました。訓練を受け、日露戦争では軍事探偵として満蒙で諜報活動に従事。コサック兵に捕まり、死刑宣告を受けたこともありますが奇跡的に助かります。

その後、朝鮮総督府の高等通訳官の任務につきますが3カ月後に吐血、肺結核を発病されました。肺結核は当時、不治の病でした。

人生を変える答えを得るため、コロンビア大学で聴講生となって、免疫系と自律神経系統について学んだり、欧米の哲学者や有名識者を訪ねます。しかし、答えは見つからず、帰国を決意します。

帰路の途中のエジプトで、奇跡的にヨガの聖者カリアッパ師と出会い、ヒマラヤの麓で指導を受け、2年数カ月の修行を行ない、真理を悟り、病を克服します。

帰国後は実業界でいくつかの会社の経営に関わり活躍しますが、１９１９年、悩みを抱える人々を助けるために、不変の真理、人生哲学について講演活動を始めます。

ここから考えると、１００年以上、人々が学び続けていることになります。時代を超えた本質を説かれたからこそ、今もなお人々の心を引きつけるのでしょう。

天風先生の哲学に感銘を受けた方々の支持を受け「天風会」は設立されたそうです。

ここまで、中村天風財団のＨＰを参考に、私なりに歴史をご紹介しました。

私が天風先生の教えを知ることができたのは、天風会の方々が尽力し、後世まで教えをつないでくれたからです。

また、『君に成功を贈る』（日本経営合理化協会出版局）、『運命を拓く』（講談社）、『真理のひびき』（講談社）、『真人生の創造』（ＰＨＰ研究所）、『幸福なる人生』（ＰＨＰ研究所）、『心を磨く』（ＰＨＰ研究所）、『力の結晶』（ＰＨＰ研究所）という参考文献があったことで、私は天風哲学を学び、本書を完成させることができました。

天風哲学を学ぶ機会をくれた、出版社の方々にも感謝しています。本書を通して天風哲学に興味を持たれた方は、これらの書籍もぜひ読んでみてください。より深く、天風先生の歴史と考えを知ることができるはずです。

まずは、本書を通して、天風先生の言葉に触れ、人生のすべてをつくる思考、そして、その土台となる積極的な精神を、あなたの中に深く入れていきましょう。

【1日1分 中村天風】人生のすべてをつくる思考

どんなときでも、〝思い通り〟に生きられる91のヒント

井上裕之

青春出版社

人生のすべてをつくる思考　目次

第1章

思考が人生のすべてをつくる
～積極的精神で自分を満たす～

心の大そうじ
～ネガティブに振り回されないために～

第3章 何事も怖れない 〜プラス要素を溜めていく〜

第4章 心を集中させる
～信念が理想を形づくる～

潜在意識を洗い、新しい自分になる
～あなたの中にある絶大な力を呼び起こす～

第6章 たいしたことない！ ～この世で起こる９割のことは小さな小さなこと～

第7章 そして、あなたは思い通りに生きられる

～今日から幸福になるのは簡単だ～

【参考文献】

『君に成功を贈る』（日本経営合理化協会出版局）／『運命を拓く』（講談社）／『真理のひびき』（講談社）／『真人生の創造』（ＰＨＰ研究所）／『幸福なる人生』（ＰＨＰ研究所）／『心を磨く』（ＰＨＰ研究所）／『力の結晶』（ＰＨＰ研究所）

編集協力…森下裕士／ＤＴＰ…野中賢（株式会社システムタンク）

思考が人生のすべてをつくる

～積極的精神で自分を満たす～

1

人生はたった一回限りであります。ダブルページはないんでありますなんであります

『君に成功を贈る』より

――死に直面して気づいた「一度きりの人生」の貴重さ

前に倒れられれば大成功！

●●●

私は交通事故を経験して、「人生はどうなるかわからない」と思うようになりました。それからは、「たった一度の人生だから、倒れるなら前に倒れよう」と決めています。

消極的でネガティブな精神で時間を過ごすのは、もったいなさすぎるのです。

私は両親が亡くなる間際に、何度も「何かやりたいことはない？」と尋ねました。しかし、父も母も「もうないよ、ありがとう」と答えていました。

最期の瞬間が近づいているのに、感謝を伝える父と母の人生には価値があったのだろうと感じました。本人だけでなく、周りをも充実した気持ちにさせてくれたのです。

「明日は来ない」と考えてみてください。現実離れした話だと私は思いません。平穏な日常を生きていた私は、自分と死との近さを実感しました。

人生は一度きりで、二度はない貴重なものです。この貴重な人生を、価値のないものにしていいのでしょうか。なんの満足感もなく終わりにしていいのでしょうか。

ただただ流されて生きてはいけません。あなたがこの世に生まれてきた価値を示しましょう。前向きに生きる、当たり前のことに大きな価値があるのです。

2

ある日が良くって
ある日が悪い
なんてことあるかい

『君に成功を贈る』より

――いい日、悪い日という1日は存在しない

毎日いい日になるように〝都合良く〟意味をつければいい！

1日24時間は、誰にでも平等に与えられています。しかし、同じ1日でも「今日はいい日だ」と感じる人と、〝今日は悪い日だ〟と感じる人がいます。

いい日、悪い日という1日はありません。自分が勝手に〝1日に意味をつけている〟だけです。今日という日は〝自分の気持ち次第で〟いい日にも悪い日にもなるのです。

今日は雨が降っているから、通勤がめんどうで憂鬱（ゆううつ）だ。今日は雨だから、新しく買った傘を使うチャンスがやってきた。雨でラッキー！　雨は、空から水滴が降っている現象でしかありません。現象には、もともと意味はついていません。

自分の意味のつけ方によって感情が生まれ、世界の見え方が変わります。

これに気づくと、物事は自分の心によって積極的に捉（とら）えられます。心の状態こそが現実をつくり、心の状態こそが人生をつくるのです。

ポジティブな感情を多く感じることで、潜在意識は「自分は積極的な精神を持つ人間である」と認識します。どんなときも、前向きであるために「今日もいい日」になるように1日に意味をつけていきましょう。あなた次第で、今日は最高の日になるのですから。

3

憎い人間があろうはずがないもん

『真人生の創造』より

——憎い人、嫌いな人、苦手な人は、あなたが生み出した怪物

自分の感情を乱さないために〝ニュートラル〟で接する

「あの人、生理的に受けつけないんだよね」「なんかあの人、苦手」

相手に何もされていないのに、勝手に人を嫌いになっていませんか？　人と人が互いに協力しながら生きている社会では、こんな考えを持つと人生がうまくいきません。

意地悪をしてくる、攻撃的な姿勢で接してくる、こういう人もいるでしょう。

しかし、憎んではいけません。憎むと自分の感情が乱れるからです。

自分のために、人を嫌ってはいけません。相手が嫌な態度で接してきても、ニュートラルな状態で接してください。感情を乱すと、潜在意識は相手との関係がより悪化するように働きます。あなたのためになりません。

そもそも、憎い人などこの世には存在しません。

あなたが相手に意味をつけることで「憎い人」「嫌いな人」「苦手な人」は生まれます。

憎いと思う人がいたとしても、自分の心のために、素直に親切に接する人間になりましょう。同じときに、同じ場にいる、縁がある人の中に憎い人をつくるというのは、自分で生きづらい世界をあえて生きていることにほかなりません。

人間の心で行われる思考は、人生の一切をつくる

『力の結晶』より

――「未来は想像以上に良くなる」という感覚でいていい

理想と現実のギャップを埋めるように潜在意識は働く

人間は思ったり、考えたりといった、思考を基に人生を形づくっていきます。そのため、心の状態がプラスかマイナスかで人生は良くもなり悪くもなります。

積極的な心をつくるには、「今までの人生の延長線上にない理想の姿をイメージする」ことが大切です。思考の幅が広がり、夢を実現するアイデアも浮かんでくるからです。現状の世界観で考えるから思考が堂々巡り（めぐ）し、自分を消耗させ続けることになります。

私は自己実現へのアドバイスをするときに、相手に人生を振り返ってもらい、その枠の外に夢を設定するように指導します。そして、それをすでに達成しているなら、「今、何をするか？」を考えてもらいます。

こうすると、潜在意識は新しいアイデアを生むための情報を集めるように、あなたを動かしてくれます。潜在意識が、現状と理想のギャップを埋めるように働いてくれるのです。前を向いて進むときは、当然、感情もポジティブになります。

夢の実現に突き進んでいるときは、積極的な精神に満ちあふれます。「自分の未来は想像以上に良くなる」という感覚を持って日々生きてみましょう。

5

おまえ信念強くなる

『幸福なる人生』より

——眉間(みけん)を見て「おまえ信念強くなる」とつぶやく絶大なる効果

朝、昼、晩、潜在意識に積極的要素を入れ続ける

天風先生は、寝際の習慣の大切さをことあるごとに語っています。

鏡に顔を映し、眉間（みけん）をじっと見て、「おまえ信念強くなる」と言ってから寝床に入る、という習慣です。

私は今まで世界中の自己啓発プログラムを学んできましたが、この方法ほどシンプルで効果があるものはほかにないように感じています。

これは一見とても簡単な習慣のようですが、ひとつ絶対に守るべきことがあります。それは〝心を込めて言う〟ということです。

潜在意識は、強い感情をともなう思考を実現させます。なんとなく自己暗示をしても、それは潜在意識に深く刻み込まれません。

さらに、天風先生はこう教えてくれています。

朝起きたときには「今日は信念が強いぞ」とつぶやく。日中でも、心が消極的になってきたと感じたら、「俺、信念が強いんだ」とつぶやく。

このように、頻繁（ひんぱん）に〝潜在意識に積極的要素を入れ続けよう〟と教えてくれています。

6

この六つの力が
完全でありゃ完全であるほど、
そして自分の生命の内容に
豊富でありゃ豊富であるほど、
我々の人生というものは、
いつ省(かえり)みても春風駘蕩(しゅんぷうたいとう)たる状態で
生きられるのであります

『真人生の創造』より

――人生を支える６つの力を、あなたはすでに持っている

強めようとするのではなく、失わないようにする

●●●

「1　体力」「2　胆力（たんりょく）」「3　判断力」「4　断行力」「5　精力」「6　能力」

6つの力があると、何事にも動じず穏やかに生きられると天風先生は教えてくれます。

これらは、どれが欠けてもいけません。人生を価値あるものにするには、この生きるための基礎となる力が必要です。春風駘蕩とは、動じず余裕がある様子です。

体力は、何事かを成すために必要な人間の資本です。

自分を信じてやり抜くには、物事に動じない胆力が必要です。

自分の価値観に従って判断し、選択するから、人生は充実します。

人生に価値を生み出すには、強い気持ちで実行し、続けることが大切です。

ムダな欲を抑え、パワフルに生きるには、精神的、肉体的な精力が必須（ひっす）です。

知識、スキルなど、能力がないと問題は解決できませんし、成功はつかめません。

これらの力を育てれば、何事も成し遂げられます。日々この力があふれているか、不足していないかチェックしましょう。難しく考えないでください。これらの力は生きるために必須なので、元々あなたは持っています。失わないように心がけることが大切です。

7

いつも自分は幸福の花畑の主人公だと思って生きたらどうや

――あなたは、いつも幸せに満たされている

『心を磨く』より

事実より〝事実を変えようとする心〟に注目する

自分の人生が、幸せか、不幸せか、を決めるのはあなたの心です。どんなときでも、何があっても、心が喜んでいれば幸福ですし、悲しんでいれば不幸せです。

困難に直面していても、問題を抱えていても、それを解決しようという積極的な心で向き合っていれば、幸せな心の状態になります。不幸を味わうのではなく、「不幸を幸せに変えようとする前向きな心」を味わうのです。

思い描いていた運命になっていないとして、現実を今すぐ変えることはできません。しかし、そのときの機嫌は、自分で取ることができます。常に、上機嫌で過ごしましょう。いい気分でいるから、現実を変えていく力がわきます。人間ですから感情が乱れることもあります。しかし、人間は視点や考え方を変え、気分を切り替えることができます。

自分のことを、積極的な心が咲きほこる花畑の主人公だと思って生きようと、天風先生は教えてくれています。消極的な精神がわきあがったら、そのつど積極的に振り替えて、常に幸福感を得ながら前進してください。

心が満たされていれば、潜在意識は能力を引き出し、あなたの理想を実現してくれます。

8

今日から幸福になって遅くないのであります

『君に成功を贈る』より

――いつからでも幸福になれる人の考え方とは？

「得たら幸せ、得られなかったら不幸せ」という考えを捨てる

幸せとは、何かを積み重ねて形づくられるものではありません。心に積極性が生まれれば、その瞬間から幸せになれます。

成功したから、お金を持ったから、権力を持ったからではなく、楽しい、うれしい、というポジティブな感情が自分の中に生まれれば、幸せになれるのです。

20代の人は30歳に、30代の人は40歳になるときにショックを受けるようです。日本の平均年齢を考えるとまだまだ若いのですが、落ち込んでしまうようです。

間もなく50歳になる知り合いが、パーティーで有名企業の女性経営者を見かけたとき、80代にして凛（りん）としたエレガントな姿に衝撃（しょうげき）を受けたそうです。大きなやる気がわき、希望を感じたと話してくれました。年齢という意識がふっとんだ瞬間だったのでしょう。

20、30、40、50、60、70代……。年齢は関係ありません。幸福とは、心の状態のひとつです。いつからでも、今日からでも、自分次第で幸福になれます。

幸福感は、人生の価値を高めます。価値を高めるには、情熱が必要です。情熱を持つには、積極的な精神が欠かせません。今日から幸せになると決めこんでしまえばいいのです。

9

と昔はいったけれど

『運命を拓く』より

――「と昔は言ったけど」の打ち消しルールで潜在意識を洗う

「打ち消し＋ポジティブ」でさらに効果アップ

●●●

「と、昔はいったけれど」。消極的な言葉を言ってしまったら、すぐに打ち消しましょう。

天風先生がこの言葉を紹介してくれているのを知ったときに、これはとても良い習慣だ、と思いました。

消極的な言葉や感情を、そのまま受け入れることは避けるべきです。

積極的な心の状態に保つために、打ち消しのルールを自分の中に持っておきましょう。

ネガティブさを減らし、ポジティブさで満たされた状態をつくることは大切です。

積極的な感情を持つと意識していても、ついつい消極的な表現をしてしまうものですが、後悔してもしかたがないのでうまく対処しましょう。

「と、昔はいったけれど」の後にポジティブな言葉をつけると、さらに心は積極的な状態になります。

「めんどくさい。と、昔はいったけれど。やっぱり楽しそう」

ネガティブなことを言ってしまっても打ち消し、ポジティブな言葉に変えてください。

消極的な言葉を変換すると、ポジティブな要素だけが自分の中に溜（た）まっていきます。

10

重要なことを聴くときは、
恋人の言うことを聴くような
気持ちでもって、
聴くようにしてごらん

『君に成功を贈る』より

――話に集中したいときは、感情移入してしまう〝あの人〟をイメージする

真剣に聞き、端々(はしばし)から大切なことをくみ取るには？

●●●

「人の話を聞いている最中に、違うことに意識が飛ぶ」「相手が何を話していたのか、あまり覚えていない」。こういったことは、誰しもが経験したことがあるでしょう。

たとえば、仕事相手の話を聞きながら、「今日は何を食べようかな」「最近、ジムに行っていないな」と気が散って、話に集中していないことはよくあります。

話を真剣に聞いていないことは伝わるもので、相手も気分が良くありません。

天風先生は、重要な話を聞くときは、「恋人から話しかけられていると思って聞いてみなさい」と教えてくれています。私の場合は、尊敬している人、信頼している人から話しかけられているつもりになると、集中力が高まります。

あなたにとって一番、感情移入して話を聞ける人をイメージしてみましょう。目の前の人の話を真剣に聞けますし、言葉の端々から大切なことをくみ取ることができます。

大切な人の話なら、話の腰を折ろうという気にもなりません。どうでもいい人の話は遮(さえぎ)りたくなりますし、うわの空になりやすいものです。

自分が成長する秘訣(ひけつ)、人間関係を良くする秘訣は、相手の話をしっかり聞くことです。

11

言葉には
人生を左右する力があるんです。
この自覚こそが
人生を勝利にみちびく
最良の武器なんですよ

『君に成功を贈る』より

——言葉は言霊(ことだま)、よくも悪くも人生を左右する

たった1回が命取り！　潜在意識はいい悪いの判断をしない！

あなたが使う言葉は、あなたの心に大きな影響を与え、人生を左右します。だからこそ、消極的な言葉を使うことをやめ、悲観的な感情を自分の中に溜め込むのをやめましょう。「困ったな」「弱ったな」「情けないな」「悲しいな」「腹が立つな」「助けてほしい」などといった、ネガティブな言葉を使ってはいけないと天風先生は語っています。

言葉は言霊（ことだま）と言われ、大きな力を持っています。無意識にあなたに大きな影響を与えます。それがわかっているから、成功者は前向きな言葉を使っているのです。

人生を変えたいのなら100％いい言葉を使いましょう。99回いい言葉を使っても、1回良くない言葉を使えば、潜在意識はネガティブな方向に働いてしまいます。潜在意識にネガティブさが侵入してくると、徐々に思考も行動も消極的な人間になってしまいます。「自分はできる」「自分にしかできない」、こういう前向きな言葉を使うように、私は講演ですすめています。

潜在意識は、いい悪いの判断をしません。ネガティブな言葉もポジティブな言葉もすっと受け入れて、蓄積していきます。そして、無意識の判断と行動に反映されるのです。

12

本来から言ったら、みんなえらくなる素質を持ってるんだ

『心を磨く』より

——成功の素質を失わせる〝基準〟というワナ

平均ラインと、最低ラインがごっちゃになっていないか？

ある著名な方が、有望な若手に次のようなアドバイスをしていました。

「普通の人生を送るのなら、決められた時間に決められたことだけやればいい。会社から行かされる勉強会や研修なども、ダラダラ参加すればいい。

しかし、人との違いを生みたいのなら、就業時間外の時間も仕事や自己研鑽（けんさん）しなければいけない。就業規則時間内だけ働いて成功するわけがない。

他者と同一の基準で仕事をするのは、最低レベルの人。大量の仕事と勉強、スキルアップをしないと一流にはなれないよ」

話を聞いていて、私自身はっとさせられました。世間一般で設定されている基準とは平均のラインだと考えていたことに気づかされたからです。基準とは最低ラインなのです。

学ぼうという気持ちを一度でも持った人は、成功する可能性がある人です。誰もが成功する要素を持っています。しかし、すぐに結果が出ないと、努力をやめてしまいます。

人は成功への道を歩いていても、その道から脱線したり、後戻りしてしまいます。成功したいと思った時点で、成功を手にするのは目前だということを知っておいてください。成功

13

少しでも普段やりつけない仕事をすると、「おお、しんど」。ありゃよくない言葉だよ

『真人生の創造』より

――「しんどい」は精神力だけでなく、体力まで奪う

〝やめる理由〟を探しているときに弱音は出る

積極的に生きるためには、体力が必要です。とはいえ、ジョギングしたり、筋トレしようと言いたいわけではありません。

体力は、心の持ち方によって、実は大きく変わります。言葉は心に影響を与え、体を疲れさせたり、元気にしたりします。

未知の仕事、未経験の仕事、集中が必要な仕事をすると、「しんどい」と感じるものです。自分のやりたい仕事だけしたい、やり慣れた仕事をしていたい、という気持ちが「しんどい」という言葉を口走らせてしまいます。

この言葉を口に出したり、頭の中で認識するだけで、人は疲れてしまうものです。

弱音は、やらされ感を抱いたり、成長をあきらめたときに出るものです。やめる理由を探しているときに弱音は出ます。

弱音が出そうになったら、仕事をやり抜いた後の喜びを想像してみてください。自分がやり抜くことによって、誰かが喜び、あなたの可能性も広がるのです。

「しんどい」と思った先には、もうすぐ喜びが訪れると考えましょう。

14

側(そば)からは辛(つら)かろう、
苦(くる)しかろうと
思うようなことでも、
本人があぁ嬉(うれ)しい、ありがたいと
考えれば何でもないんだ

『君に成功を贈る』より

――本人が〝へっちゃら〟なら、他人からどう見られても関係ない！

どちらの人に患者さんは診(み)てもらいたいか？

●●●

国内外の勉強会に毎週参加していた時期がありました。その時期、周りの人から「つらくない？」「出張ばかりしていたら、患者さんがいなくなるよ」とよく言われました。

私は、無理をして、状況を悪くしていると思われていたのです。しかし、私は喜びを感じていて、つらくもなかったし、心配事もありませんでした。

医療人として成長するという善なる行動をしているのに、他人のネガティブな忠告など聞いている暇はありません。成長をあきらめている人に、患者さんが診てもらいたいはずがありません。私はあるべき姿を実現するために、人生を精いっぱい謳歌(おうか)していました。

人生に発展の希望がなければ、人の心は弱ってしまいます。少しでも成長することを目指していれば、他人にはつらそうに見えても自分の心は元気です。

天風先生は、「心ひとつの置きどころ」ということをよく語られます。人生の質を決めるのは、心だからです。心が喜べばいい人生ですし、また逆もしかりです。

当人がうれしい、と考えていれば他人の評価などどうでもいい。他人がつらそう、苦しそう、と考えているハードルを越えようとするとき、潜在意識は活発に働きます。

心の大そうじ

～ネガティブに振り回されないために～

「私は駄目だ」というような自己否定をしないこと

『心を磨く』より

――「あなたの存在自体に価値がある」と、あなた以外の人は知っている

比べることに意味はない！　100％自己肯定！

100％自分を肯定してください。自己否定をしては絶対にいけません。

頭が悪いから、学歴がないから、実績がないから……など、こんなことを考えて自分を否定する必要はありません。自分のダメな点に注目するのではなく、自分の存在自体に価値を感じてください。あなたが生きているだけで、世のため人のためになっているのです。

働けば税金を支払い、社会のために役立っています。両親、家族、パートナーは、あなたがいるだけで癒やされ、存在に心を救われています。あなた自体に価値があるのです。

　社会、人のために貢献しているのに、価値がないなどと思わないでください。

　存在自体に価値を感じにくい理由は、自分と他人とを比べてしまうからです。あなたにはあなたの人生があり、他人には他人の人生があります。人より優れていることに価値があるのではなく、自分の理想を実現するために前向きに進むことに価値があります。

より自己研鑽し、社会にもっと貢献しましょう。そうすることで、自己肯定感ももっと高まります。「私はダメ人間だ」と自己否定してしまえばそこでおしまいです。心が消極的になるだけです。どんなときも、自分を全肯定し、心の状態を積極的に保つのです。

16

「ああ、たのしいな」
「ああ、うれしいなあ」
って思うようにすれば
いいんですよ

『君に成功を贈る』より

――とりあえず「楽しいな」「うれしいな」とつぶやいてみる

何事も訓練！　口先だけのポジティブさから始めてみる

積極的な精神で生きるとは、「楽しい、うれしいという感情を持って、朗らかな気持ちで日常生活を送ること」だと、天風先生は教えてくれています。

「ああ、楽しいな」「ああ、うれしいな」と思う機会を増やしていきましょう。朗らかな気持ちのときは、価値の高い人生を生きられるものです。

どんなときでも、心の状態は自分自身で決めることができます。前向きになるかどうかは、あなた自身の心の持ち方次第です。つらいな、悲しいなと思っている時間より、楽しいな、うれしいなと思う時間を、少しでも長くしましょう。

「ああ、楽しい」と繰り返してみるといい気分になるので、案外バカにできません。つらいときこそ、楽しいと口にしてみてください。ポジティブな言葉を発しているときは、嫌な気分は表に出てきません。人間は、2つ同時に感情を表すことはできないのです。

「心が思っていないのに、言葉だけポジティブにして意味があるのかな」と思う人もいるかもしれません。しかし、何事も、訓練するのとしないのでは結果が変わります。

少しでもやってみると、潜在意識が働き始め、積極的な自分に変わっていきます。

17

人々に落ち度があったらば、
それを許すことよりも
先に忘れてやろうじゃないか

『真人生の創造』より

──「今日は許す」で、まずは毎日上機嫌！

相手の能力に怒るのは愚か

自分の思い通りに他人が動いてくれないと、ストレスを感じるものです。しかし、よく考えてみると、相手の動きが悪いのは、その人の能力が原因であることが多いもの。

他人の足りない能力に対して怒りをぶつけてもしかたがありません。「1日にして一気に能力を高めろ！」と言っているようなもので愚かです。

人が思うように動いてくれないのは当然であると割り切り、相手の行為を受け止められる器を育てましょう。

「自分ができることは、他人にもできる」と考えてはいけません。人にはそれぞれ得手不得手があるのです。他者に焦点を当てると、心は乱れるようになっています。

何があっても「今日は許す」と考えてみてください。

今日だけは、相手にどんな過失やミスがあっても許すのです。もっといいのは、相手がやったことを忘れてあげることです。

「今日は許す」を毎日繰り返すと、許さない日がなくなります。毎日、他人から感情を乱されることがなくなります。

18

あなた方の
思い方や考え方というものが、
現在あるがごとき
あなた方にしている

『君に成功を贈る』より

――原因と結果の法則「いい思考がいい現実をつくる」

〝必ずいい結果になる〟という希望と潜在意識の関係

世の中は、「こういうものがあったらいいな」「こういうふうになるといいな」という考えが、形づくられて現実のものとなっています。

人生も同じです。あなたの思考が現実をつくります。思考という原因があるから、現実という結果が生まれます。ネガティブな想像をすれば、ネガティブな人生が現実化します。逆に、ポジティブな想像をすれば、ポジティブな人生がつくられます。

潜在意識はあなたの中に蓄積された、感情や知識、イメージを基に無意識の選択と行動を行なっていきます。

うまくいっているときも、いっていないときも潜在意識が作用しているのです。

物事が理想の方向に進んでいない場合、「うまくいっていない原因はなんなのだろう？」とチェックして、自分なりに前向きな解決策を考えてみてください。

いい思考をすると、いい結果が出るものです。必ずいい結果が出ると希望を持つと、積極的な行動ができる。すごくシンプルな法則だけど、みな忘れています。

積極的な精神で自分を常に満たし、理想をイメージしましょう。

19

がむしゃらでもいいから
ファイトで行くんです

『幸福なる人生』より

──強制的に〝がむしゃらに〟〝ベストをつくす〟状況をつくる

条件はそろわない前提で動き出そう

●●●

「がむしゃらで、ファイトで行く」とは、ベストをつくすということです。

「そろそろ医院の増築をしようかな」と思っていたときのことです。増築はいろいろな面で大変なので、実際に行なうか悩んでいました。

ただ、悩んでいる時間はムダだと思い、とりあえず建築会社に連絡して「そろそろ増改築しようと思っているから、図面を描いて見せてください」と伝えました。図面が出来上がると、次に建築計画が提案され、先のスケジュールがどんどん決まっていきました。

私は動かざるを得なくなったのです。状況をつくってしまうことで、がむしゃらに動くことができます。「条件がすべて整ったらやろう」という思いでは物事は進みません。

考えずに動くのは問題がありますが、頭でっかちでも現状は変えられない。慎重すぎると、時間だけがたっていき、何事も成し遂げられません。

人生は壮大な実験です。選択を行なって、理想を実現していくゲームです。時には、条件が整わずとも、自分を強制的に動かす状況をつくってみてはいかがでしょうか。

がむしゃらにベストをつくす、人生において大切なことです。

20

胆力ある者は、容易にものに驚きやしません

『真人生の創造』より

――ビクビク、ヒヤヒヤ、ドキドキは胆力で消す

期待など応えられなくても、どうってことない

期待に応えようとしすぎると、人は心身ともに萎縮（いしゅく）してしまうものです。「うまくできなかったら、どうしよう」「自信がない、どうしよう」。特に、仕事では不安を感じることが多いでしょう。しかし、消極的な精神に自分を支配させてはいけません。

どんなときでも、できることはひとつだけ。積極的な心で物事に向かうことです。

相手の期待に応えられるかどうかは二の次でいいし、自分が精いっぱいやったのならそれでいいと割り切ってください。社長、上司、同僚の期待に応えられなくても、どうってことありません。長い人生、積極的な心を持っていれば、挽回（ばんかい）のチャンスは必ずきます。

ビクビク、ヒヤヒヤ、ドキドキしすぎていませんか。失敗を予感したり、リスクを予測したり、現状の崩壊を思い浮かべると、人はうろたえてしまいます。

結果よりも、心の状態にこそ価値があります。結果とは、複数の要素が絡（から）み合って出来上がっており、出たり出なかったりするものですが、心は自分で思い通りに変えられます。

唯一、絶対に頼りになるのは、あなた自身の心です。それがわかっているから、胆力がある人は、動揺（どうよう）したり、驚いたりしません。

21

思えば思うほど
楽(たの)しくなることだけを、
もう、心にありありと描(えが)いて
寝るようにしてごらん

『君に成功を贈る』より

――眠るときは〝うれしくて〟〝楽しくて〟しかたないことを思い浮かべる

“いくつかの顔”を持つと心は楽になる

あなたは寝る間際、どんなことを思い浮かべていますか？　多くの人は、今日起こった嫌なことを鮮明に思い浮かべてしまいます。「おもしろくないこと」「腹が立ったこと」「あの人はいいな」といった、負の感情をわき上がらせ、頭の中で再生し続けています。

夜寝るときには、1日の心の汚れを取り除きましょう。

うれしくなること、楽しくなることを想像して眠りについてください。眠りにつく前のイメージは潜在意識に影響を与え、あなたの思考と行動を変えます。

寝際に「あの人は絶対に許さない！」と思うことはよくあります。怒りは吹っ切れないものです。そういうときは、2つ3つの顔を持って処理していくと心が楽になります。違う立場を取ることで、状況を俯瞰して見ることができ、怒りに対して冷静に対処できます。私の場合は、歯科医としての怒りは著者の顔で対処、著者としての怒りは歯科医としての顔で処理していきます。こうすると、心が楽になります。

あなたも、いくつか違うポジションの自分をつくり、ネガティブな感情を処理してみてください。視点が変わると、怒りにもうまく対処できるようになります。

22

〝真〟〝善〟〝美〟以外には、心を使わない、というように心をしてごらんなさい

『運命を拓く』より

——潜在意識がフルパワーで働く「真善美」の法則

正直、愛、調和は、成功の絶対条件

●●●

「〝真〟〝善〟〝美〟以外には、心を使わない、というように心をしてごらんなさい」。天風先生は、こう語っています。

真とは、いつわりがないこと。嘘のない心のことです。

善とは、愛をもって、平等に接することです。

美とは、調和することです。いろいろな分野において調和は必要です。ここではわかりやすく、人間関係において融和することと考えてみましょう。全体のバランスがつり合って良好、円満な関係であることです。

真善美の精神で生きると、価値の高い人生を生きることができます。

素直に、正直な気持ちを持つ。誰に対しても同じ扱いをする。自分だけのエゴを出さず、他者と調和する。仕事も人生も調和が崩れると、うまくいきません。

私自身、〝真〟〝善〟〝美〟で生きることが、成功の王道だと考えます。潜在意識が最大限に働く絶対法則だからです。

「相手に喜んでもらえているか」、いつもこの意識を持って日々生きていきましょう。

23

生きている刹那刹那（せつなせつな）を
ちょいとでも
機嫌を悪くしたら、
もったいないと
思わないかい？

『君に成功を贈る』より

——不機嫌で何かいいことありましたか？

「ぼちぼちいこう」モードで上機嫌になるチャンスをうかがう

ちょっと考えてみてください。

不機嫌で何かいいことありましたか？

気分が乗らないと、何に向かうにしても集中できないものです。仕事も勉強も、コミュニケーションも、気分がいいときと悪いときでは結果が違います。機嫌は、パフォーマンスに大きな影響を与えるということです。

そう考えると、生きている間、どんな瞬間でも機嫌が悪いともったいない。

生きていられる時間、せっかく与えられた時間を、感情に振り回されて消極的に生きるか、心の状態を整えて積極的に生きるか、どちらが有意義かは言うまでもありません。

特に、体力的、精神的に消耗しているときなどは不機嫌になりやすいものです。そういうときは、「ぼちぼちいこう」と考えてみてください。

少なくともマイナスな感情にはなりませんし、プラスの感情がわく瞬間も出てきます。

調子が上がらないときは、「ぼちぼちいこう」の精神でいいのです。不機嫌になるくらいなら、「ぼちぼち」モードのスイッチを入れてみてください。

24

まず第一番に
「自分というものが
誰にも憎まれない」、
「誰からも好かれる人」
にならなければダメ

『君に成功を贈る』より

――まずは、好かれなくていいから、憎まれないこと

相手の価値観に合わないことを言わないだけでいい

憎まれずに、好かれる――。人間関係の大原則です。

理想の人生をつくり上げるには、実績を積むことも、能力を磨くことも重要ではありますが、まずは他者といい関係を築くことが大切です。

「憎まれない」「好かれる」人になることで、他者と協力関係、応援し合う関係を築くベースが出来上がります。

最低限意識しておくべきことは、好かれなくてもいいけれど、憎まれないことです。誹謗中傷（ひぼうちゅうしょう）されるような人間になってしまうと、人から足を引っ張られてしまいます。

憎まれるということは、意識的にも無意識的にも、相手の価値観に合わない言動をしてしまっているということです。考えの足りなさが、人を傷つけているのです。

いきなり、いい印象を与えようとしなくてもいい。「また会いたい」「また仕事をしたい」と思ってもらうために、相手に悪い印象を与えないように気をつけてください。

相手の価値観を受け止めてコミュニケーションしましょう。それができるようになったら、「他者に好かれる」ことも考えてみればいいのです。

25

たった今までの過去の一切のすべての失敗なんていうことは考える必要ないんだよ

『真人生の創造』より

——これまでの失敗も、これからの失敗も考えなくていい！

あなたの中に失敗という概念は存在しない

「心という宮殿の神聖さは自分で保つ」と思うだけで、積極的な精神を生む大きな効果があると天風先生は語っています。

過去の失敗を思い出すと、心は消極的になるものです。失敗の記憶を思い出すと、不安や恐怖の感情がわき起こってきます。

変えようのない過去にとらわれて心を乱すと、行動しようという意欲もわきません。

人生を有意義にするために、今を大事にすることに集中しましょう。消極的な精神がわき上がってきたら、心を積極的な方向に傾けてください。

失敗を失敗だと捉えてしまうと、今後の人生に役立ちません。ネガティブな出来事を受けてネガティブな感情を生み出す、これほど意味のないことはないのです。

潜在意識は、あなたのことをダメ人間だと認識しますし、よりダメな人間になるように働いてしまいます。

失敗は、成功へのプロセスです。「次に成功するための改善点を知った」と思えばいいのです。あなたの中には、失敗という概念など存在しないのです。

26

できるできないは
第二ですよ。
やってるうちには
自然とできるようになるんだ

『真人生の創造』より

――できるできないは二の次！

カリスマ美容師さんが、才能よりも大切にしていたもの

●●●

あるとき、日本トップレベルの美容師さんに髪を切ってもらいました。カリスマと言われる人だったので、私はいろいろと質問しましたが、興味深いお話を聞けました。

「才能にいつ気づきましたか？」と聞くと、「才能はないと思います」と言います。そんなはずはないだろうと思った私は、「ではなぜ、この地位まで上ってこられたのですか？」と聞きました。その答えは、「何もわからない新人の頃から、とにかく練習だけは人より大量にやり続けてきた自信があります」でした。

センスが重要な美容師さんが、才能よりも反復の重要性を話されたことがとても印象に残っています。

天風先生の教えの大原則は、積極的な心を持つことです。困難なときに積極的な心をつくることは難しい、と思うかもしれません。

しかし、本当に積極的になれるかどうかは二の次です。とにかくやってみることで、徐々に習慣化されます。今より少しでもできるようになればいいのです。

逆境のときはもちろん普段でも、積極的精神を持つ努力をしてみてください。

27

取越苦労厳禁（とりこしくろう）

――その心配事って、本当に起こるの？

『幸福なる人生』より

当たって砕けろ精神が、弱い心をふっ飛ばしてくれる

人づき合いに、ビクビクして悩んでいる知り合いがいました。話を聞くと、子供時代にいじめられた経験がトラウマとなり、うまく人とコミュニケーションを取ることができなくなったのだそうです。

少しでもコミュニケーションがうまくいくように、「人は一人ひとり性格が違い、あなたがつながる人が小学生時代のいじめっ子のような人ばかりではない」と、私はアドバイスしました。

人間関係に限らず、100%の正解を求めながら生きると、人生のスケールは小さなものとなってしまいます。

「自分の将来はどうなるんだろう」「これで本当に大丈夫かな」というように、ヒヤヒヤクヨクヨ考えているうちに、情熱の炎は消えてしまうのです。

当たって砕けろ精神で、ベストを尽くせば、不安はなくなります。常に積極的に物事に向かっていれば、弱い心は消えていくものです。

取り越し苦労に煩(わずら)わされている時間など人生のムダでしかありません。

28

本当の幸福というものはね、
なんぞ図らん、
凡人の多くが忌(い)み嫌う
苦悩というものの中にある
……
苦悩を楽しみに振りかえるということを
さして難しいこととは思いませんわ

『真人生の創造』より

――苦悩を幸福に変える「未来からながめる」という視点

権力者も、成功者も、お金持ちも、悩みがある

●●●

権力者も、成功者も、お金持ちも、悩みからは逃れられません。

しかし、人は心の持ち方次第で、苦悩を楽しみに変えることができます。「苦悩の真っただ中にいたら、そんなの無理だよ」と思うかもしれませんが、そうでもありません。

意識を未来に飛ばし、未来から今の自分を観察すると幸せを感じられます。

私は大学院生時代、ひとりで夜遅くまで研究する日々を長期間送っていました。精神的、肉体的に消耗しましたし、「こんなことをやって意味があるのか」と悩みました。

しかし、今振り返ってみると、研究自体（やっていたこと）は楽しかったし、あの時期がなかったら「今の人生どうなっていたのだろう」と逆に不安になります。

冷静に考えてみると、あの苦悩の時期は、心の状態だけが悪かったのです。孤独に長時間研究したことは価値ある結果となり、価値ある人生を私に与えてくれました。

生きていれば、つらいことも、困ったことも起こります。良くない出来事はあって当たり前。

苦悩を楽しみに変えるコツは、未来から今の自分をながめてみることです。

何事も怖れない

～プラス要素を溜めていく～

29

現在感謝、現在感謝で
いくてえと、そりゃもう、
一秒一秒が
楽しく生きられるから

『君に成功を贈る』より

——感謝しているときに、感情が乱れる人はいない

2週間続けると3カ月間も効果がある〝感謝の威力〟

感謝の気持ちを持ったとき、感情が乱れる人はいません。「ありがとう」と言えば、うれしい気持ちになるものです。

常に感謝の気持ちを忘れず、今を感謝して生きていると一秒一秒を積極的な心で生きられます。今日から、「今に感謝、今に感謝」と、気持ち良く生きていきましょう。

感謝することは、広範囲にわたっていい効果があることがわかっています。

たとえば、日常で起こる出来事や、その対象となる人々に感謝して記録することで、学習のモチベーションが高まることがわかっています。

立命館大学の山岸典子教授と、国立研究開発法人情報通信研究機構との共同研究によると、「2週間、日々感謝の記録（感謝日記）をすることで、学習モチベーションが向上し、なんと3カ月先まで意欲が維持される」のだそうです。

感謝することはとても簡単にもかかわらず、長期的に効果が期待できるのです。

「感謝が大事だ」というとスピリチュアル的だと感じてしまう人もいるかもしれませんが、根拠があるのです。実践して損はありません。

30

理屈の如何(いかん)を問わず、怒らないこと、悲しまないこと、怖れないこと

『真人生の創造』より

――「怒る、悲しむ、怖れる」は潜在意識にとってのムダ

拠り所は心だけ。だからすべて賭ける！

人間関係、仕事、お金、健康において、マイナスの状況だろうと、プラスの状況だろうと、どうにかできるのは自分の心です。常に、機嫌良く生きることを心がけましょう。

逆境を乗り越えるときも、理想を実現しようとするときも、私たちが必ず有効に使える道具は〝積極的な精神〟だけなのです。

不安定で、不確実で、複雑で、あいまいな時代でも、唯一の拠り所となるのは、理想を構想して実現する、心のエネルギーだけです。

消極的でネガティブな気持ちは、思考にも行動にも悪影響でしかありません。人生をより良くするのなら、積極的精神で前進し、創造していきましょう。

「怒り」「悲しみ」「恐怖」は、感情の中でも特に多くわき起こります。

しかし、こんな感情は持つのはムダでしかありません。心を積極的に保つことにしか意味はないからです。

負の感情に〝気づく〟、まずはこれだけでいい。気づけばネガティブさをやめ、ポジティブな方向に向かうキッカケもつかめます。

31

「常に嫌いだと思う相手には、つとめて親切にし、やさしくするような気持ちに自分を仕向ける」ということよ

『君に成功を贈る』より

——ためしに「嫌いな人ほど親切にやさしく接してみる」

あの嫌な人も、素の姿はいい人であることが多い

あるとき、どこの病院でもコミュニケーションがうまくいかず、転院を繰り返している患者さんが私の医院にいらっしゃいました。

どの先生とも関係がうまくいかないのは、つらいことです。私はとにかくその方を「受け止める」と決めました。100％受け入れることはできないかもしれないけれど、時間をかければ共感することはできると思ったのです。

悲しいことですが、嫌われやすい人は存在します。人が嫌いになる人の傾向は似ているからです。嫌われやすい性格の人は、みなから軽く扱われたり、邪険に扱われてきているので、本音を言わず、素の自分を隠してしまいます。しかし、相手を受け止め、共感すると、素の自分で接してくれます。実は、素の姿はいい人であることが多いもの。

その患者さんとは、「わかってくれるのは井上先生だけだよ」と言ってもらえるまでの関係になり、とてもうれしかったのを覚えています。私の心も洗われ、満足感を得ました。

「あの人は嫌いだ」という気持ちを持ってコミュニケーションをとってもうまくいくはずがありません。嫌いな人にこそ、精いっぱい親切にしてやさしく接するべきです。

32

簡単に言うと、和の気持ちがやはり成功の原動力となるからであります

『真人生の創造』より

――やっぱり、成功の源は和の精神

争いに勝利して成功をつかむのは非効率

ビジネスの世界では、他人との争いに勝ち抜いて成功する人がいます。しかし、これは例外だと私は考えています。

多くの成功者は、争いを避けます。周囲の人と、融和しているものです。

人生の成功の秘訣は、「和の気持ち」だと天風先生は言います。この和の気持ちは、成功の原動力となるからです。

何かを成し遂げるには、他者からマイナスエネルギーを受けないことが大切。足を引っ張られたり、敵をつくると、物事はうまくいきません。そちらにエネルギーを奪われると、時間も意欲も削（そ）がれていきます。

自分と他人の違いを認められる寛容（かんよう）さを持ちましょう。

違いがあるから、あなたの人生に気づきと改善があるのです。違う考えを持つ人がいるから、成功への勘所が見つけられるとも言えるのです。

違いをどう活かしていくか――。これが人生を好転させるカギです。

和の精神で、お互いが協力できる関係をつくり、人生の価値をより高めましょう。

33

私はいつも言います。「天は自ら助くるものを助く」

『君に成功を贈る』より

――「自分を助けてあげられるのは自分」だと再確認しておこう

信じられない困難をラクラク乗り越える人がいる

●
●
●

天風先生は、「天は自ら助くるものを助く」と言います。自分自身の心の力によって、人生の価値が決まるからです。

自分の人生は、自分で責任をとるしかありません。多くの人が「自分の人生には責任がある」としっかり考えずに、ただ流されて生きていることでしょう。

自分で自分の人生に責任をとるには、人生を価値あるものにする強い覚悟が必要です。

結局、人生は、自分の力で今より少しでも良くしていくしかありません。あなたの夢をかなえるのは、あなた自身です。

人からの協力があって成功できる、と考える人もいると思いますが、自分が動かなければ応援してくれる人など現れません。一生懸命な人にしかチャンスは与えられないのです。

いい悪いは置いておいて、ドナルド・トランプは4度の破産を乗り越えて大統領になりました。困難に押しつぶされる人がいる一方で、どんな状況でもくじけず、うまくやってのける人がいます。「うまくやる人とくじけてしまう人の違いは何か？」を自分なりに考え、積極的な心で突き進めば、必ず理想の境地にたどり着きます。

34

精神的精力が落ちると
どうなる？
克己心(こっきしん)と忍耐力が
なくなっちまう

『真人生の創造』より

——精力があれば、欲望欲求は抑えられる

2つの精力が、今日より明日、明日より明後日を輝かせる

精力は、2種類あります。「肉体の精力」と「精神の精力」です。

肉体的な精力がないと、気力が下がり、物事に立ち向かうエネルギーが不足します。

精神の精力が下がると、欲望や欲求、邪念に耐える力が弱まります。

「ついつい怒ってしまう」「やるべきことがあるのに、ダラダラしてしまう」のは、精神の精力不足が原因です。

精神の精力が弱くなると、相手を受け入れる寛容さや、最適な判断を下す能力までなくなってしまいます。

精力がみなぎっている人は、いつも自分の理想を実現するために前向きです。喜びを感じながら、笑顔で、疲れ知らずです。

人の役に立つ喜び、行動の楽しさ、他者への感謝を感じることができるので、常に積極的な精神を保つことができます。

生きている限り、精力を衰(おとろ)えさせてはいけません。心身共に積極的エネルギーに満ちていれば、今日よりも明日、明日よりも明後日が、より良くなるに決まっています。

35

邪(よこしま)なるものは、正しきものに敵することはできない

『幸福なる人生』より

——あなたの中の積極性は、消極性に必ず打ち勝つ！

ポジティブな強いエネルギーをまとう者を誰も邪魔できない

本当にあるべきものは、あるべきではないものより強いエネルギーを持ちます。ポジティブさは、ネガティブさに必ず勝利します。

あなたの中の積極的な心は、消極的な心に必ず勝利します。

絶対的に不利な戦いでも、絶対的な信念、情熱があれば、巻き返しは可能です。

潜在意識は、思いが強いと活発に働きます。強いポジティブな感情は、潜在意識に刻み込まれ、理想に向かう無意識の選択と行動を促(うなが)します。

前向きの強いエネルギーを持つ者は、必ず後ろ向きのエネルギーを持つ者に勝利します。

アマゾン、アップル、テスラのような企業がスタートしたとき、その市場にはすでに強大な企業がいました。当然、足を引っ張ろうとしたでしょう。しかし、ポジティブで強いエネルギーを持って前進する者を誰も邪魔できません。

プラスに向かう力は、マイナスに向かう力に勝つのです。消極的な心は積極的な心に勝つことはできません。

ポジティブな感情を生み出し、大きなエネルギーを生みながら前進してください。

36

価値高い人生に
生きようとするならば、
なにをおいても、どんな場合にも、
自分の心を、へこたれさせては
いけないのです

『君に成功を贈る』より

――へこたれない、これだけでどうにかなる

結果を求めるよりも、信念を持つ

「自分には才能も能力もないのではないか」と、私はよく考えます。

私が歯科医、著者として、現在の満足できる状態を実現できたのは、「とにかく、へこたれなかったから」なのではないかと思うのです。

才能も能力もあるかはわかりませんでしたが、あきらめずにやり続けることを重視して頑張ってきました。

歯科医としての学びやトレーニングも、著者としての毎日の情報発信も、いつかは実を結ぶと信じて、とにかくやめなかったことで今の自分があると思っています。

価値のある人生を生きるには、心が積極的で「自分なら必ずやれる」と強い信念を持って前進することが大切です。

結果を過度に求めず、自分を信じてとにかくやり抜きましょう。成功する人、成功し続ける人は、積極的な心を持っています。

価値の高い人生を生きたいのなら、どんなときでも、自分の心をへこたれさせてはいけません。心さえ折れなければ、前進し続けられるので、人生は価値あるものになるのです。

37

笑えばこう、なんとなく楽しくなってきやしません？

『君に成功を贈る』より

――笑いがすべてを帳消しにしてくれる

笑えない人は、動作を変えてみよう

笑いほど、心をポジティブにするものはありません。

笑うと、どんな気持ちになりますか？　以前は私自身、笑ったときの心の状態を感じることの大切さに気づいていませんでした。

笑うと楽しくなったり、うれしくなったりします。私の場合は、元気が出てくる感覚もあります。

笑って、気分が落ちる人はいません。笑っている間は、ネガティブな感情が発現しないからです。

「そうはいっても、笑えないときもあるよ」という人もいるでしょう。そんなときは、動作を変えてみてください。わき上がった消極的な感情を打ち消す動作をするのです。

嫌なことがあったとき、あなたの体の動きはどうなりますか？

背中が丸まって、顔が下を向きませんか？　嫌なことがあったら、笑うことに抵抗があるかもしれませんが、上を向いたり、背筋を正すくらいのことはできるはずです。

青空を見ながら、嫌な気分になるのは難しいのです。

38

始終、人の欠点は見ないでもって、人をほめることを心がけ、そして自分は最善を尽くそうということに努力しましょう

『真人生の創造』より

――すぐには直らないんだから〝人の欠点は見ない〟に限る

欠点がない人はいないが、褒(ほ)める所がない人もいない

「この人の何かいい所ないかな?」。人とコミュニケーションをするときには、このようなポジティブな意識を持ちましょう。私は積極的に人を褒(ほ)めることにしています。

怒ったり、批判すると、相手は不安や恐怖を感じ、積極的に行動できません。さらに言うと、マイナスの言葉を相手に投げかけると、自分の心もマイナスに傾きます。

私は従業員が、再発を許されないミスを犯しても、ポジティブな感情を持ちながら話すように心がけています。怒りの感情を、相手の成長を願うアドバイスに変えるのです。

怒りに任せて乱暴なことを言うと、その後必ず「嫌われたかな」「傷ついたかな」などと引きずりますし、自己嫌悪に陥(おちい)ってしまいます。

人には欠点があるものです。しかし、同時に、褒める所がない人もいません。

どんな人であっても嫌うことなく、自分の最善をつくして接する。どんな人と仕事をしても、心を乱すことなく、やるべきことを精いっぱいやる。

欠点に注目しても、相手の欠点が直るわけではありません。人と何かをやるときには、相手の欠点を直してもらうことより、一緒に成果を出すことを目指すのが重要です。

39

人生に生きる刹那刹那（せつなせつな）、
些細（ささい）な仕事をするときでも、
重大な仕事をするときでも、
その仕事に対して
自分が今どんな気持ちを持ってるかを
自分で検査するんです

『幸福なる人生』より

――ハイパフォーマーの条件「今、どんな気持ちで仕事をしているか？」

自分の気持ちを確認しないから身が入らない

日々の生活の中で、心の状態に目を向けている人がどれほどいるでしょうか。心の状態を自然にまかせて、感情がわき上がっては消え…をくり返している人が大半です。

物事に向かうときには、心が躊躇（ちゅうちょ）していないか、がむしゃらな気持ちが出ているか、を確かめることが大切だと天風先生は言います。

積極的な心でいなければ、能力は発揮できません。

仕事をしているとき、作業の進捗（しんちょく）はしっかり確認するのに、「それをどんな気持ちでやっているか」ということを確認していない人は多いものです。

ハイパフォーマンスの発揮は、「何をするか」と、それを「どんな心の状態でやるか」ということにかかっています。

積極的な心で仕事をしなければ、価値を生み出すことはできません。「今、自分は、積極的か消極的か」、こまめな確認が必要です。

今の行動を将来の価値を変えるために、パフォーマンスを高めましょう。常に心を良い状態にしておくことが重要です。

40

自己をつくり上げるものは、
自己の努力と、
その努力は自己の情熱に
比例するんだぜ

『心を磨く』より

——涙が出るほどのつらさと成功は表裏一体

りします。

開かない扉を開けてしまうカギは情熱

誰もが成長したいと願っています。だから、自己研鑽のために勉強したり、本を読んだりします。

しかし、その学びの土台には、情熱がなければなりません。自分の内側から生み出されるポジティブな感情がなければ、努力はできないし、続けられないからです。

「勉強してるけど、何の意味があるんだろう」「世間体のために一応学んでおくか」というような程度の気持ちで行なう自己研鑽は成果につながりません。

私は海外留学をしたいという強い思いから、その足掛かりのために大学院で勉強しました。卒業し、開業もして、順調にキャリアを築いていたときに交通事故に遭いました。

「この状況では、もう留学はできないな」と思ったときに涙が出てきました。夢をあきらめるのは、こんなにつらいのかと思いました。

そこで思い直して、こんなに悔しく悲しいのなら、絶対にあきらめないと決意しました。

腐らずに仕事をしたら、ニューヨーク大学で学ぶ機会ができました。強い思いがあれば、扉が開くのだなと実感したものです。情熱があれば開かない扉も開いてしまうのです。

41

この六つの力の内容量が
現実的に豊富でなきゃ
いけないいぐらいのことは、
多く言わずもがな、
皆さんよくご承知であります

『真人生の創造』より

――6つの生きる力を豊富にする小さな習慣

小さなことをひとつだけ実行してみる

●●●

「体力は不足していないか？」「物事に動じない、どっしりとした心を持っているか？」「安易な判断をしていないか？」「自信を持って決断し、継続しているか？」「精力に満ちているか？」「能力は磨かれているか？」

これら6つのことを、日々の生活の中で意識しましょう。生きる力のベースが底上げされれば、必ず人生は価値あるものになります。

繰り返しになりますが、天風先生は、体力、胆力、判断力、断行力、精力、能力、これらの力が豊富でなければならないと、その重要性を教えてくれています。

もちろん、これらの力が大切なことは、誰もがわかっていると思います。しかし、日々、漫然と生活していると、この重要性を忘れてしまうものです。

この力を意識するため、1日の内、短い時間でいいから、あなたの理想に近づくための取り組みをひとつしてみてください。

どんなことでも実行すると、これら6つのどれかの力が使われ、磨かれることになるからです。今日できる、小さなことをひとつだけやってみましょう。

42

そも人生の真の幸福は、あらゆる苦悩を苦悩とせざる心の中に存在する

『真人生の創造』より

――他者からかけられるマイナス言葉で「自分の価値」は高まる

角度を変えれば、すべてはプラス

あるとき、知り合いから「頑固で、偏屈で、変わり者だと言われた」と相談されました。大変ショックを受けていて、気力を失っているように見えました。

話を聞いていた私は、この人は「他人から言われたことを、素直にマイナスに捉えているな」と感じました。そこで、こうアドバイスしてみました。

「頑固ということは、価値を明確にしていて信念が強いということ。

自分の考え方をしっかり貫いているから、偏屈と言われているだけ。

相手と価値観が違うから、変わっていると言われただけ」

つまり、「あなたは魅力がある人物である」と伝えたのです。自分のことをプラスに解釈できていないだけなのですから。

自分を肯定できれば、他人からの攻撃もプラス要素でしかありません。「ああ、やっぱり自分には、人とは違う価値があるんだ」と確信できます。

苦悩を苦悩だと認識しない心をつくるためには、物事をプラスに捉えることが重要です。視点を増やせば、苦悩を喜びに変えることが実際に可能になります。

心を集中させる

～信念が理想を形づくる～

43

飯を食うときは、飯を食いなされ。水を飲むときは水を飲みなされ

『心を磨く』より

――ご飯を食べるときでさえ、人、金、仕事のことを考えていないか？

私たちは、これをやるときに、これに集中していない⁉

天風先生が「禅のお坊さんと魚屋の親父の小話」を紹介されていました。その話の中（『心を磨く』の中）で、お坊さんが親父に次のようなことを言う場面があります。
「飯を食うとき、他のことを考えていないか。水を飲むときに、水だけに心が打ち込まれて飲んでいるか。水を飲みながら、酒のことを考えたり、飯を食いながら煩悶（悩み苦しむ）のことを考えたり、悲観のことを考えたり、腹の立つことを考えてはいないか」

これは、私自身、たしかにそうだと納得させられました。私たちは、食事をするときでさえ、食事に集中せずに、仕事のこと、人間関係やお金のことを考えたりしてしまいます。

思考はいろんな所に飛んでいきます。プレゼンを行なう場合でも、テクニックを駆使しようとすると、そちらに気が向いて、話の内容をうまく伝えられません。

私はニューヨーク大学の関係者の前でプレゼンをした大勝負のとき、「とにかく伝える」という気持ちのみで臨みました。その結果、相手へ思いが伝わり、ニューヨーク大学で学ぶキッカケをつかんだのです。まさに、潜在意識のエネルギーが相手に伝わったのだと思います。一点に集中すると、潜在意識は大きな力を発揮してくれるのです。

44

「忙しい」というのは、
大体人間として本当に正しく、
心というものを
理解している人間の、
口にすべき言葉じゃない

『心を磨く』より

――一本の刃も数本の刃も、同じようにあしらうのが正解

複雑な手術も、実はシンプル!?

天風先生が『心を磨く』の中で、とても興味深い話を紹介されていました。

剣豪の柳生但馬守（やぎゅうたじまのかみ）が「一本の刃ならあしらうことができるが、三、四、五本の刃が目の前に一度に出てきたら、あしらうのが難しい。どうすればいいのですか？」と、高僧・沢庵（たくあん）禅師に尋ねました。その答えは、「一本でも、数本でも、同じように一本一本あしらいなさい」というものでした。

忙しいという文字は「りっしんべん」と「亡」という文字で出来上がっています。つまり、心を亡くすということです。心がない状態で物事に向かっても成果は出せません。できることは、やることがたくさんあっても、目の前のことを丁寧にやることだけです。

私は、時に複雑な難しい手術を行ないます。複雑な手術は大変そうに思われるかもしれませんが、実はそうでもありません。

基本的な手術を複数組み合わせたものが複雑な手術だからです。

つまり、複雑な手術を分解し、一つひとつ丁寧に手術を進めていけば、手術は無理なく完了できます。一つひとつ真剣にこなすことで、複雑な問題も解決されていくのです。

45

人の言葉に動かされないこと

『幸福なる人生』より

――成功したことがない人は、リスクの忠告しかできない

聞かなくていいことは聞かない

●●●

行動を起こせない理由のひとつに躊躇(ちゅうちょ)があります。「これをやろうかな」と思いついたときには、同時にさまざまな考えがわき出してきます。

「でもな」「待てよ」、こういった思考が行動を妨(さまた)げます。さらにもっと良くないのは、他人からの助言です。この助言によって、多くの場合やる気が失われます。

人はリスクの忠告をすることが多いので、躊躇の心が強まるのです。心に迷いがあると、ベストを尽くすことはできません。

いい言葉に影響を受けるのはもちろんいいのですが、ネガティブな言葉に影響されるとよくありません。やる気が燃え上がろうとしているのに、消火するようなものです。

私が歯科医のかたわら、講演会や出版の仕事を始めた頃、周りの人々から本業に集中するべきだと言われました。売名行為だと陰口も言われました。

しかし、そんなことを聞いている暇はありません。歯科医としてはもちろん、著者としても精いっぱい仕事をしました。だから、人生に価値を感じられているのだと思います。

他人のマイナスの言葉が気になるということは、自分の信念が中途半端だからです。

46

万物に霊長たるの真価をあとう限り発揮して生きねばなりませんよ

『真人生の創造』より

――難局を乗り切る人の「世のため人のため」という抽象思考

レベルの低い欲望を満たそうとすると、能力が発揮されない

●●●

ある難しい手術をしたときのことです。一回で完了させるのは難しい手術で、二度手術が必要かもしれないと考えていました。二度の手術は、患者さんの精神的不安も大きく、肉体的にもつらいものです。

私はなんとか一度の手術で完了させられないかと、手術計画を立てました。そして、実際に一度の手術で完璧（かんぺき）な治療を行なうことができました。

そのとき、今まで勉強とトレーニングを繰り返してきてよかった、と心の底から思いました。患者さんも、とても喜んでくれて、笑顔で帰られました。純粋に患者さんに貢献できてよかったと喜びを感じました。

せっかく生まれてきたのだから、自分の力を精いっぱい発揮して生きましょう。

私たちは、贅沢（ぜいたく）するため、売名のため、おいしいものを食べるため、お金儲けをするために生まれてきたのではありません。そんなレベルの低いことを実現するために、生まれてきたのではないと天風先生は言います。

世のため人のため、進化と向上の役に立つために生きているのです。

47

ほんとうにできている人
というものは、
決してぶりも気取りもしない、
いわゆる天真流露(てんしんりゅうろ)
そのままである

『真理のひびき』より

――偉そうにしない、気取らない、かっこつけない

心がとらわれる原因をひとつずつ手放していく

「ほんとうにできている人というものは、決してぶりも気取りもしない、いわゆる天真流露そのままである」

この言葉は、心に余裕のある人は、偉そうにふるまったり、気取ったりしないという意味です。

心がとらわれていないときは、柔軟に考え、行動することができます。

「頭が悪いと思われたくない」「偉く思われたい」「強く見られたい」という人は、何をするにしても常に心がとらわれているので、人生がうまくいきません。常に心を消耗させているのです。

富も、名声も、権力にもとらわれない高潔な人こそが本物です。

いつも心が積極的で、理想の人生を生きている人は、何ものにもとらわれていません。知らないことは知らない、わからないことはわからない。謙虚な気持ちで、教えを請うことが大切です。

必要のない感情は持たないことです。変にかっこつけても、心が消耗するだけです。

48

考えの足らないばっかりに
やり損なっちゃ、
後で後悔している人が
多かないかい？

『真人生の創造』より

——成功者の〝すぐやる！〟の本当のカラクリ

一度しっかり自分の価値基準を定めよ

●●●

一時期、成功者のインタビューや書籍で「考えずに、やる」ことの大切さが説かれていました。全く行動しないよりは、少しでも動いたほうがいい、というのは理解できます。

しかし、「考えずに、やる」ということの本当のカラクリは、「成功者は自分の価値基準が明確だから、即座に判断し、行動できる」ということだと私は思っています。

価値基準とは、「自分が何を大切にしているのか？」ということで、それに基づいてどんな考えや行動をするかが決まります。

価値基準があいまいなまま行動して、うまくいくはずありません。人生が理想に近づかないのは、後悔する判断を繰り返してしまうから。自分の価値基準に基づかない判断と行動は、心を消耗させ、ネガティブな感情をわき上がらせます。

「判断と行動を後悔して、消極的な気持ちになる」→「正常ではない心の状態で、さらなる判断、行動をして後悔し、消極的な気持ちになる」。

この繰り返しでは人生は良いほうへ向かいません。「この判断は、自分の価値観に基づいているか？」、この問いを持ちながら生きるといい感情で前向きに進めます。

理屈を細かく考え得る人間が、一番煩悶(はんもん)も悩みも多いんですよ

『心を磨く』より

——過去の記憶から未来をつくる人は悩みがつきない

理屈を言わない人が強い理由

組織の中では、「細かく考えて実行し、ミスを減らすこと」が大切にされます。実際にこういう方針に従ってものを考え行動する人は、頭はいいのかもしれません。

しかし同時に、こういった人は思考と行動に細かい感情を紐(ひも)づけてしまいます。ポジティブな感情ならいいのですが、一見、賢い人ほどネガティブな感情を紐づけてしまいます。

先を予想しすぎる人に限って、未来への心配を想像する力が高く、未来でミスを犯さないために過去の失敗を思い出します。

結局、理屈を考えすぎる人は気分も落としやすく、不機嫌でいる時間が長いのです。考えて悩み、行動して悩み、ということを繰り返してしまいます。

不機嫌で物事に向かえば、パフォーマンスは確実に下がります。

一度考えて決めたことは、あまりいろいろ考えずに実行してみることです。わき目も振らず集中するから、感情に振り回されることもなくなります。

どんなことでも理屈をつけ始めると、悩みはつきなくなるのです。

50

人生のすべての問題を
一挙に解決しようなどと
考えないで、
ただ一日だけを
楽しく生きようよ

『真人生の創造』より

——優先順位すらつけられないこともある

昨日も明日も忘れて、今日1日だけ精いっぱい生きる

私は歯科医師としての業務も行ないますが、同時に医院の経営者としての顔もあります。治療、経営と、日々、多くの問題が降りかかってきます。

正直な話、何から手をつければいいのか困惑することがあります。順序立てて解決したいところですが、優先順位さえわからないときがあるのです。

そんなときは、目の前にきた問題を一つひとつ解決することに集中します。

誰もが、多くの問題を抱えており、気持ちを楽にしたいがために複数の問題を一気に解決しようとします。しかし、それは現実には不可能なので苦悩を強めるだけです。

今日1日だけを楽しんで精いっぱい生きる。

これほど意味のあることはありませんし、これならできそうではありませんか？

昨日の後悔と明日への恐怖を一旦(いったん)忘れて、今日1日に集中してください。

プレッシャーを手放してください。「まずい、まずい」と思っていると、思考も行動も停止してしまいます。たったひとつのことを精いっぱい楽しみながら行ないましょう。

複数の問題を抱えて何もしないより、何かひとつ解決するほうがいいと思いませんか？

51

心を完全に操縦(そうじゅう)し、
又これを完全に支配する
威力を有するものは、
実に意志なるものより
ほかには絶対にない

『真人生の創造』より

――意志は完全なもの。強い弱いは発現の程度のこと

覚悟が意志の発現度合いを決める

意志が強い人、弱い人という表現があります。

しかし、意志というものは、本来は強固で絶対的に強いものだと天風先生は言います。意志が強い弱いというのは、意志の発現が強い、弱いということを言っているのです。自分の心をコントロールし、支配できるのは意志の力があるからです。

私は開業するときに、理想の病院をつくろうと多額のお金を借りました。おそらく、一般的な医院の3倍ほど借り入れしたのではないかと思います。

お金を返済できなければ、病院は倒産します。従業員は経済的精神的に消耗します。私は、死をもって返済することになるかもしれないと思いました。

そこまで考え込むと覚悟も決まります。最上級の治療とサービスを提供することを決意し、歯科医、経営者として必要な知識、スキルの向上を徹底しました。

私の歯科医院は北海道にありますが、毎週強行スケジュールで東京に勉強しに行きましたし、海外の勉強会に参加していたこともあり、母のお葬式にも参加できませんでした。

意志が強く発現すれば、これぐらいやれるのです。覚悟が意志力を高めてくれます。

52

敵をも愛して、広き心をもって人生に相対せよ

『君に成功を贈る』より

――敵がいるから自分の価値が定まる。だから、愛そう

敵の存在を自分の人生に活かす

あなたの周りにも、攻撃的な人、いじわるをする人がいることでしょう。しかし、人を憎んでもいいことはありません。

「敵をも愛して、広き心をもって人生に相対せよ」

天風先生は「敵は愛すべきもの、敵がいてはじめて自分の価値が定まる」と言います。嫌な人と、どう接し、関係を築くかによって、あなたの価値が決まるのです。心の状態を自分でどうつくるかによって、あなたの人生の価値も変わります。

まずは人に対して、苦手というレッテルを張ることをやめましょう。

たとえば、あなたに対して批判的な人でも、その人の意見の中に自分に活かせるものがひとつはあるものです。人が一人ひとり違うとすれば、その人にはほかにない魅力や価値が必ずあります。私たちは感情に惑わされ、そこに気づくことができないのです。最悪でも、反面教師にすれば、学ぶところがあります。

苦手な人にこそ愛をもって接し、相手の足りないところは補い、相手から学べるところは学ぶ。相手の存在を自分の人生に活かしていくことが大切です。

53

偉くなる人と
そうならない人と、
差が出てくるかっていうと、
同じ話を聴いても、
聴き方、受けとり方が
ぜんぜん違うからなんです

『君に成功を贈る』より

——成功する人の話の聞き方、成功しない人の聞き方

人の話を自分事にできるかで、成功できるかが決まる

人の話を聞く――。誰もが大切だとわかっています。

しかし、同じ話を聞いても、成功する人と、そうではない人がいます。

成功できない人は、「話は聞いていても、内容は理解していない」と言えます。話を聞いても理解のレベルが違っていれば差が生まれるのは当然です。

理解を深める簡単な方法があります。

それは、「どう自分の人生に活かせるか？」という視点を持ちながら話を聞くことです。話を自分事に落とし込むと理解が深まります。理解が深まれば実践できます。

多くの人は話を聞いても、その場で「なるほど！」と思うだけで終わります。自分事に落とし込むことをしないのです。

私は39歳のときに、ドラッカーの経営塾に通い、そのテキストの内容をすべて自分の医院の経営に当てはめ、独自のテキストをつくりました。

同じ話を聞いても、「自分の人生、仕事にどう転換できるか、人間関係にどう転換できるか」と考えられる人とそうではない人では差が出るのは当然です。

54

短い人生は、
できるだけ値高く
生きるべしである
ということぐらいは、
何も理屈なしだって
わかっていることじゃないか

『心を磨く』より

――〝から〟で生きるか、〝けど〟で生きるか？

心は道具。道具に使われてはいけない

心の状態により、あなたの人生は価値が高くもなり、低くもなります。

心は生きるために使う道具です。しかし、心に使われて生きている人が多いものです。

「会社で嫌なことがあった」〝から〟やる気が起きず行動ができない。これは、完全に、心に使われて生きている人です。

「会社で嫌なことがあった」〝けど〟、気分だけは良くして、自分のやるべき仕事をやり遂げよう。これが、心を使って生きている人です。

もっと心と距離を取り、客観的につき合いましょう。心という生きるための道具を便利に使いこなしてください。

先日、ある経営コンサルタントの方に、目標よりも目的に従って仕事をするべきだとアドバイスをもらいました。数字に振り回されると感情は乱れます。「なんのために仕事をやるのか」を、明確にして向かうほうが平常心でいられます。

ハードなスケジュールで仕事をして、かつ結果も出ないときでも、目的に向かって生きていれば心の力が衰退することはありません。

55

引くんなら引きやがれ、
チクショーめ。
風邪なんか引かされたって、
こっちは引かねえから

『真人生の創造』より

――ハードパンチャーとの賢い闘い方

プレッシャーは前に出るとかわせる⁉

この言葉を見て、私はトレーナーから聞いた話を思い出しました。

「ハードパンチャーに攻められたら、あえて相手の懐に入っていく」。どんな強いパンチを持っているボクサーも、相手との距離が近すぎると、強い攻撃ができないのだそうです。

プレッシャーを感じたとき、誰もが逃げ出したくなります。しかし、消極的な気持ちでは、思考も行動も後ろ向きになるので、状況を変えることはできません。

問題から逃げて、問題を解決した人はいません。何事にも恐怖や不安を感じてばかりいたら、人生で得られることはとても少なくなります。

人生を楽しく、価値あるものにする秘訣は〝怖れない〟ことです。

「この仕事は達成が難しいかもしれない……」と考えても意味はありません。そんなときは、こう考えてください。「私は今まさに、達成しつつある」と。

これは潜在意識に働きかけるアファメーションです。〝つつある〟というのがコツで、これなら現実に達成していなくても、自分に嘘をつくことにはならないので、潜在意識が働いてくれます。極端な話をすると、前進さえできれば結果はどうなってもいいのです。

56

公平な気持ちで自分の心の中を、ときどきは覗(のぞ)いてみなさいよ

『心を磨く』より

――潜在意識の不要物は、顕在意識が溜めていく

積極性と消極性、どちらが多いか吟味する

消極的な感情を潜在意識に溜め込むと、自分の理想とかけ離れた人生を歩むことになります。潜在意識に溜まった要素が、無意識の選択、行動を決めるからです。顕在意識に浮かんだ消極的な感情は、潜在意識に溜まる不要物でしかありません。

では、消極的な感情を溜め込まないためにどうすればいいのでしょうか。

それは、今の自分の感情の質と量をしっかり認識することです。

消極的な感情と積極的な感情、自分の中にどちらのほうが多いのか、これをよく吟味してみてください。

意識して、積極的な感情の量を増やしていきましょう。

その量を増やすために私がおすすめするのは、環境、情報、人、これらを価値に換えることです。成長につながるコミュニティ、情報、人に触れることで、積極的な感情の量は増えていきます。

あなたの中に消極的な感情の量が多いのなら、現在の環境、情報、人を断ち切っていくことも大事です。我慢する必要はありません。積極さがわき上がる場所へ行きましょう。

潜在意識を洗い、
新しい自分になる

～あなたの中にある絶大な力を呼び起こす～

57

心の力が勝れば、運命は心の支配下になるんです

『君に成功を贈る』より

――〝困ったときの神頼み〟より「鬼神（きしん）も避（さ）く」が大事

「それは魅力的か？」をキーワードに選択してみよう

「断じて行なえば鬼神(きしん)もこれを避く」ということわざを天風先生は紹介されます。固い決意を持って決断し、実行すれば、どんな困難なことでも成功する、という意味です。

困ったときの神頼みをする人がいますが、神頼みをする時点で、自分を信じていないばかりか、他人任せで運を引き寄せようとしていると言えます。

夢をかなえたり、理想を実現するには、固い決意で行動するしかありません。

あるとき、とてもリスクの高い治療が必要な患者さんが私の元へいらっしゃいました。確かに難易度が高く、誰もがやりたくないだろうなと思いました。

私自身、かなり難しいと感じました。しかし、誰もやらないからこそ、患者さんは喜んでくれると思い、自分の力を信じて手術することを決意しました。

人生ではたびたび問題に突き当たります。しかし、難しいことを解決すると、より高い価値を得られるもの。選択に迷ったときは、どちらを決断したほうが「より魅力的な人生を送れるか」と考えてみてください。

58

心というものは厳粛（げんしゅく）に言うと、
生きるために使うので、
使われるために
あるんじゃないんだから、
これ忘れちゃダメだよ

『真人生の創造』より

――心に使われない、心は使うもの

刺激スタートを少しずつ減らしていく

多くの人が、心の状態は自分がコントロールし、使いこなしているものだと考えています。しかし、多くの場合、逆です。感情がわき起こり、その感情によって、思考や行動が決められています。心に使われているのです。

心に使われると、悩み、苦しみ、心配、不安はどんどん押し寄せてきます。心に支配されると、人生の価値はどんどん下がるということです。

心と体は、あなたが人生をより良く生きていくために使うものです。

私たちは、出来事や環境、他人から刺激を受けます。その刺激によって感情を生み、考え、行動します。多くの場合は、刺激を受け、消極的な感情がわき起こり、消極的な思考と行動をします。たとえば、電車に乗り遅れたら運が悪いと考え、肩を落とします。

価値ある人生を送るための法則は逆です。積極的精神をわき起こし、考え、行動する。出来事や他人にフォーカスするのではなく、自分の理想の姿にフォーカスしましょう。

「思うような仕事の結果が出なかった」と考えるより、「自分の理想を達成するにはどう改善すればいいだろうか？」、こう考えると心の状態は良い方向へ傾いていきます。

59

自分の存在は
人の中にいる存在である以上、
できるだけ人の喜ぶ、
人の幸福も考えてあげよう

『真人生の創造』より

――大経営者が何度も何度も教えてくれているのに守れない「利他の精神」

与えると返ってくるって本当？

過去に仕事を一緒にしていた人が、病気になったことを知って、私はすぐにメッセージを送り、連絡をとりました。

状況を聞きながら、医療関係者の知り合いから聞いた情報を伝えました。私にしてみれば、得た情報が役立つかもしれないと伝えたのですが、思った以上に感謝されました。その後、その人から仕事を依頼され、関係は以前より強くなったのです。

「与えると、返ってくるんだな」としみじみ思ったものです。

私たちは人間社会の中で生きています。それなら、少しでも人を幸福にすることを考えたほうが人生の価値は高まります。

仕事では、儲けようとするのではなく、お客さんが幸福を感じられるようにしてあげましょう。人づき合いも、自分が得しようとするのではなく、相手が喜ぶことをしましょう。人の幸せ、喜びを考えたほうが、仕事も人生も満足度は高まります。

利他の精神は、誰でもできるのに、目先の利益に目がくらみなかなかできません。しかし、有名な大経営者たちは、利他の精神を持っていたからこそ成功をつかんだのです。

人間は進化と向上に順応するために生まれてきたのではないか

『運命を拓く』より

――役割がだんだん大きくなっていくのが幸せのサイン

まずは目の前の人を喜ばせてみよう

世の中の進化と向上のために生きる人は、生きがいのある価値ある人生を送れます。理想を実現させる意欲は高まり、幸福感を得ながら日々生きられます。

人が生まれてきた意味とはなんなのでしょうか。

一人ひとりがこの地球上に生きていて、なんらかの役割を持っています。

役割とは、要するに、相手のために役立つということです。一つひとつ役目を果たしていくと、だんだん役割が大きくなっていきます。

まずは、目の前の人に喜んでもらうことが、自分の役割だと考えてみてください。こう考えると、積極的な精神が生まれてきて能力を発揮できます。

自己実現もうれしいですが、自己実現しながら社会に貢献するほうがもっとうれしいものです。

私たちは、ある意味、群れで生きています。そんな中で、群れの脅威（きょうい）になるようなことをすれば排除されます。

だからこそ、小さな貢献を積み重ねることで、自分の価値を高めてください。

61

気を打ち込んで、気を散らさずに心をまとめて、はっきりとした澄み切った気持ちで物事をするとね、人間の心の能率をぐんぐん上げてくれるのに必要な有意注意力(ゆういちゅういりょく)というものが旺盛(おうせい)になるのだよ

『幸福なる人生』より

――成功者が持つ「有意注意力(ゆういちゅういりょく)」とは？

「これからそっち」と集中を自在に切り替える

天風先生は、無意注意力と有意注意力というものがあると言います。『幸福なる人生』の中では次のようなことが説明されています。

無意注意力とは、見よう聞こうとしなくても、外からの刺激に注意が向く状態です。ぼーっと歩いているときに、ふっと横から不思議な姿をしたものが出てきたり、きれいな人がいたらそちらを見てしまう、というような注意力のことです。

有意注意力とは、自分が思った方向に、自在に注意を振り向けることができる注意力のことです。有意注意力が働くと、何事にも集中して向かうことができます。

「あれを考えながら、これも考える」、これは有意注意力が働いていないということです。何かをしていてつらいという気持ちがわき上がるということは、無意注意力が働いています。集中できていないのです。これは、心の切り替えができていないからです。

有意注意力がある人は、「これからそっち」「それからあっち」と、その時々の必要に応じて自分の思う方向に注意を切り替えることができます。「今、自分は有意注意力を働かせているか」、常に意識してみてください。

62

はっきりした気持ちに
なろうとするとき、
一番最初の前提として、
やはり心の掃除を完璧に
しなきゃだめだということだ

『幸福なる人生』より

――2つの感情を同時に出せない特性を活かす

わき上がらせてはいけない感情ほど生み出してしまう……

人間は2つの感情を一度に出すことはできません。好き嫌い、うれしいと悲しい、これらは同時に出せないのです。

好きな気持ちが出たら、嫌いという気持ちは出せません。

しかし、多くの人は「わき上がらせてはいけない感情」を生み出して、「わき上がらせるべき感情」を生み出せません。

積極的な気持ちを常に意識して生み出すと、めんどくさい、モヤモヤする、という気持ちは出てきません。何事をするにも、芯(しん)のブレない心でやることができるようになります。

物事を行なうときに不安を持っていると、うまくいきません。

「今日の手術は難しいな、しっかり慎重にしなければミスをしてしまうな」と考えると気持ちが不安になります。

しかし、この手術を成功させると、「患者さんは、なんでも食べられるようになるから喜ぶな」と考えるとやる気がみなぎります。

達成した未来を想像すると、プロセスもいい感情で行なうことができます。

63

笑顔で悲観（ひかん）している人や、その精神を消極的にしている人いますか？

『君に成功を贈る』より

――笑うと〝いいこと〟しか考えられなくなる

意外とバカにできない笑顔の力

海外へ出張したときの話です。アメリカ人の友人が誘ってくれたので、観光をすることにしました。

実際に、珍しい体験ができて充実した時間を過ごせて大満足です。

しかし突然、「楽しくないの？」と声をかけられ、驚いてしまいました。

私自身は楽しんでいたのですが、表情に表れていなかったようです。その後も、「楽しくない？」と何度も聞かれます。

相手に心配させるのも悪いので、意識して笑顔をつくってみました。

すると、実際に気分が良くなってきた自分に気がついたのです。これには、自分でも驚きました。たかが笑いですが、意外とバカにできないのだとそのとき感じたのを覚えています。

笑うと、悲観的なことは考えられません。積極的な精神がわき上がってきます。笑うと心に幸福感が満ち、人生も良い方向へ向かうのだと実感した体験でした。

私たちは笑顔を抑え込んでしまいがちですが、遠慮せず表現していいのです。

64

本心を出して考えりゃ、
今言ったように、
人間は誰でも幸福に生きられる
ようにできてるんだと

『真人生の創造』より

――あなたはもっと自分の心に対して自由でいい！

理性が強すぎると自分本来の力を失う

●●●

私は不必要な集まりには参加しません。

これは、私が「実績があるから」「年長者になったから」ということで、参加しなくても誰も文句を言わないからではありません。若手時代から、この方針を貫いています。

その時間で何をしているのかと言えば、歯科医としてのアイデアやスキル、能力を磨くことに使ったり、出版、講演に関する仕事をしています。

「常識として○○するのが当然だ」という考えは捨て、本心からやりたいことをしています。この時間は充実していて幸せを感じます。人は理性の力に影響を受けてしまいます。

理性で心を抑え込むから、自分本来の力が発揮されません。自分の本当の気持ちを抑え込むから、つらくなって何事も中途半端になってしまいます。

自分が正しいと思うことを実行すると、人が喜んでくれます。あなたが本心からやりたいことをやると、誰かが喜び、幸せになる世界が確実にあります。

自分がやりたいことをやるのはエゴだ、と思わないでください。あなたは、もっと自分の心に対して自由でいいのです。

65

人生に受ける影響は、
このもとの
大きさや小ささにはよらない、
心の知覚した分量に
よるのです

『幸福なる人生』より

――ショックの大きさを決めているのは〝事実〟ではない？

「あのときはきつかったけど、今考えるとそうでもなかったな」はよくあること

事故に遭った当時、「自分はなんて不運なんだ」と思っていました。しかし今では、「生きていて幸運だった」と思っています。

誰もが大きなショックを受けたことが一度はあるものです。しかし、時間がたつと「あれ、そうでもなかったな」ということはよくあります。

人は、ショックの大きさを正確に認識していません。たとえば、レベル5のショックもレベル100のショックと受け取ってしまうのです。

これは、何を意味するのかというと、ショックの大きさは「心の認識度合いによって決まる」ということです。

心が大きくショックを受ければ大きなショックですし、心が小さなショックを受ければ小さなショックなのです。

心が認識した量がショックの大きさになります。つまり、出来事の大小ではなく、心が認識した大小で決まります。心にショックを受けたときは、出来事の正確な大きさを自分なりに測ってみてください。心が楽になるものです。

66

常に心の態度の積極的な人の人格に接触すること

『幸福なる人生』より

――「それは可能だ」と言ってくれる人とつながる

成功者はビルを見てなんと言った？

●●●

あるとき、知り合いと見晴らしのいい場所から東京のビル群を眺めていました。その方はいくつものビジネスを成功させています。

「こんなにビルがたくさんあるのに、なぜ、自分のビルがないいんだろう」、その方が静かにつぶやきました。

何気なくビルを見ていた私は、こういう考え方をする人もいるんだな、と感心したのを覚えています。成功している人は、こういう考え方をするのです。

たとえば、「年収３０００万になりたい」と言ったときに、「そんなの大したことない、できるよ」と言ってくれる人がいたら。「学歴がないから自分に自信がない」と言ったときに、「早く社会に出てるから、商売のスキルが高い」と言ってくれる人がいたら。

ポジティブな人と接すると、元気や意欲が出るものです。

積極的な精神を持つ人と接する機会をどんどん増やしていきましょう。類は友を呼びます。心が消極的なときは、消極的な人とつながってしまうものです。

意識して、心がポジティブな人と接していきましょう。

67

同じ物事を希望する場合でも、
気高い気持ちの欲望から出た意欲と、
卑しい気持ちから出た意欲とは、
事実は同じであろうとも、
その結果が全然価値の上に相違が来る

『力の結晶』より

――同じことをやっても、人によって成功の大きさが変わる理由

こんな欲望と希望は意欲を低下させる

人は、自分の理想に向かって前進しているとき、喜びを感じ、心が満たされます。他人からどう思われようが、自分自身は楽しんで生きることができます。

理想を追い求めているとき、人は積極的な心で、積極的な行動をします。

逆に言えば、心が喜びを得られない場合、思考と行動の質は下がってしまうということです。

自分が達成するべきことは何か――。それは、それを達成すると「楽しいか」「もっとやりたいか」という基準に従って判断するしかありません。

理想に向かっていたとしても、注意するべきことがあります。

天風先生は、「卑しい欲望」「汚い希望」から生まれた創造の意欲は、レベルの低いものになってしまうと言います。自己向上への情熱が高まらないからなのだそうです。

自分本位の欲望、希望からスタートして何かを達成してもむなしいものです。他人が介在しない自分ひとりで完結する夢を追っても、創造の意欲は低いもので、達成できることも小さいのです。自分も他者も喜びを感じる理想づくりを目指しましょう。

68

今、こういう問題で
おれは迷ってるんだ。
はっきりした断案（だんあん）
（ある事柄について最終的に決定された考え、方法）
を考えろ！

──「潜在意識さん、今、この問題に直面しているから解決策を教えて」

『心を磨く』より

〝解決できないことは丸投げしてみる〟のもひとつの手

断案とは、ある事柄について最終的に決定された考え、方法のことです。

もしあなたが、ある問題に遭遇し、考えても考えても答えが出ないのなら、潜在意識に答えを出してもらうのもひとつの手です。

「自分は今こういうことで迷っている。解決策を出してみて」と、潜在意識に語りかけるのです。そして、そのことについては一旦忘れて他のことをやってみてください。

ポジティブな強い思いで、解決策が欲しいと自分自身に語りかけるのです。ひょんなときに、答えが与えられることがあります。

指令を出すと、その問題を解決するために、潜在意識は四六時中働いてくれます。解決策を見つけ出すための情報とアイデアを探してくれます。

しかも、これは無意識によって行なわれるので、あなた自身にはなんの労力もかかりません。潜在意識にお願いしておくと、いろんな解決策が出てきます。

解決できないことにイライラしていても、いいアイデアは出てきません。解決策を願いながら、違う作業をしてみてください。ひょんなときに、答えが浮かんできます。

69

元気が出てからに、
不愉快を感じるやつが
あるものか。
元気という気が出てくるときは、
なんとも言えない
爽快(そうかい)さを感じるじゃないか

『力の結晶』より

――積極的姿勢をつくる4つの源

ネガティブな感情がわく前に対処しておく

●●●

積極的な姿勢が元気を生み出します。

天風先生は、心を「尊く」「強く」「正しく」「清く」という、積極的な状態にしておきなさいとおっしゃっています。

この４つの心の状態を意識して日々生活すると、ネガティブな感情が起きにくくなります。その結果、精力に満ちた状態でいられます。

人は考える生き物ですが、思考には２種類あります。意識して考えること、無意識に考えること。

意識しているときの思考はコントロールできますが、無意識の思考はコントロールができません。そのため、潜在意識にポジティブな要素を溜め続けることが重要になります。

すると、無意識の選択と行動が積極的になります。無意識に考えてしまうことまで積極的にすることが大切です。

元気の源である４つの心の状態を意識し、絶えず積極的な心で自分を満たしましょう。

無意識の思考と行動を変えるには、潜在意識に積極的感情を溜めることが早道です。

70

どんな大事件だろうと、
その晩考えなきゃ解決のつかない
というような事柄など、
めったやたらと
あるものじゃないよ、
人間の人生に

『幸福なる人生』より

――眠れないほどの悩みも、結局、人間は忘れてしまう

ずっと悩むことはできない

●●●

知り合いが、スタッフの離職について悩んでいました。

バックアップして目をかけて育てていたスタッフさんが、「もうやりたくない」と会社をやめると言い出したのだそうです。彼は、夜も眠れないほど悩んでいました。

頭では理解していても、心はなかなか晴れずに、もんもんとした日々を過ごしていたのです。しかし、それから間もなく仕事が大変忙しくなり、そのことを考える暇がなくなったのだそうです。すると、「ネガティブでいてもしかたない、やれることはポジティブに仕事に向かうことだけ」、こう気持ちに変化が起こったのだそうです。

潜在意識に消極的な要素が溜まってしまったとしても、それをそうじすることは可能です。積極的な要素を少しずつ入れていけば、最終的には潜在意識は浄化され、きれいになります。「コップの中で墨を洗うと、水は黒くなる。しかし、そのコップにキレイな水をぽたぽた落とせば、１日たてばコップの中の水はきれいになる」と天風先生は言います。

特に、私たちは寝際にネガティブなことを考えてしまうものです。ふとんに入ったのなら、心配や悩みは一切考えない習慣をつけましょう。

たいしたことない！

～この世で起こる９割のことは
小さな小さなこと～

71

こんなきれいな花を咲かせる、この草なり、あるいは木なりの、根はどんな根だろう

『心を磨く』より

――花がきれいだなと思ったら、花びら以外も見てみること

結果に一喜一憂せず「なぜ、こうなっているのか？」と考えてみる

●●●

花を見たときに、花がきれいだな、とただ思います。完成形を見て、感想を持ちます。しかし、この花が咲くまでに、どんなことがあったのか、そもそもなぜこの花が咲いたのか、この花はどんなつくりになっているのか、と考える人はいません。

すべての事柄には原因と結果があります。いい種を蒔くから、いい花が咲くのです。

人間の世界も同じです。降りかかってきた不運にばかり注目して、「なぜ、現在の状態になったのか？」と考えられる人は多くありません。いい人生を実現したいのなら、自分の能力を育てたり、心の状態を整えたり、といったいい種を蒔く必要があります。

歯のかみ合わせで著名な先生に、有効な治療法を教えてもらう機会がありました。私はその先生は今までどういう研究をしてきて、どんな論文を書いてきたのかを調べました。すると、「ああ、こういう研究を重ねた結果、こう教えてくれたのか」と納得できました。物事の背景を知ってはじめて、価値を知ることができるのです。

結果に一喜一憂するのではなく、その原因を知ることで、どんなこともプラスに捉えることができるようになります。ぜひ、結果だけではなく、全体を見てみてください。

72

あんた方の腹を立てることや悲しいことや
煩悶してることは、考えなくても考えても
どうでもいいようなことで、
また考えても考えきれないことか、
考えりゃ考えるほど自分の気持ちを悪くして、
果ては健康や運命を悪くするようなこと
ばかりじゃねえか

『真人生の創造』より

――考えなくてもいいこと、考えてもどうにもならないことは、
考えてもしかたがない

この世のほとんどのことは小さなこと

自分にとって不都合があったとき私たちは悩み苦しみます。怒り、悲しみがわき起こり、そこから逃れるために、また苦しみます。

私たちは「考えなくてもいいこと」「考えてもどうにもならないこと」「考えれば考えるほど、自分の心を乱すこと」に、とらわれすぎていると天風先生は教えてくれています。

意味のないことを考えて心を乱しても、人生は悪くなるばかり。手放すべきものは手放しましょう。

心配事が必ず起こるとは限りません。多くの問題は大した問題ではありません。そして、起きてしまったことは、悩んでもしかたがありません。

どうにもならないことは放っておき、まずは感情の乱れを止めてください。

問題が起こったときに、私たちはクヨクヨ、メソメソして、感情に目を向けてしまいます。そうではなく、「なぜ、この感情が起こったのか？」「問題を解決するにはどうすればいいか？」ということに視点を移してください。

感情を味わって自虐的になっても意味はないので、前向きになるしかないのです。

73

自分のことをするときと同じ気持ちで他人のことをしてあげればいいんです

『君に成功を贈る』より

――自分と他者の境界線をあいまいにすると〝感謝の気持ち〟がわいてくる

大きな感謝と小さな感謝を差別しない

与えられたものの大きさで、感謝の大きさを決めてしまう人がいます。

どんな小さなことでも、他者からの恩や好意には、大きな感謝をするべきです。些細(ささい)なことであっても、最大限の感謝を示してください。

感謝の気持ちを育てるために、自分のことをするときと同じ気持ちで、相手のこともしてあげるようにしようと、天風先生は教えてくれています。

そうすると、相手があなたにしてくれた行為のありがたみがわかるからです。

また、自分の理想を実現するためにやることが、人の理想をも実現すればこれほどいいことはありません。自分の小さな欲を、大きな欲に育てると社会に貢献できます。

何事にも、うれしい、楽しい、という感情を持ちたくありませんか？

それは相手も同じです。他人と同じ価値観を持つことはできないかもしれませんが、感情は相手と自分で共有することが可能です。積極的な精神は、人間みな共通しています。

こうすると楽しいだろうな、うれしいだろうな、ということを考えながら、人と接することで、人間関係はより良くなるものです。

74

潜在意識の仕事を妨害(ぼうがい)する事柄の中で一番おっかないのは、この心の持ち方なんだ

『力の結晶』より

――ポジティブさもネガティブさも潜在意識を働かせてしまう

すべてのことを積極的に捉える方法

●●●

潜在意識は、あなたの強い願いをかなえようと働いてくれます。

しかし、注意が必要なのは、強い思いには〝ポジティブ〟なものと〝ネガティブ〟なものの2種類があることです。

ネガティブな感情は、強い感情になる場合が多いもの。怒り、心配、恐怖といった感情は、潜在意識に強い影響を与えます。そして、潜在意識は、あなたの人生を悪いほうへと導いていきます。

潜在意識の仕事を妨害するのは、消極的な感情です。言い換えれば、あなたの理想の実現を妨害するのも消極的な感情です。

腹が立ったら、成長するための材料が見つかったと思う。

心配事が浮かんだら、未来の可能性を想像する。

過去の失敗を思い出したら、それを乗り越えるスキルを磨けば成功できる。

見方、考え方を変えることによって、何事もポジティブに転換できます。人生のすべての出来事をプラスに捉えてしまいましょう。

75

自分自身の人生は、
もうこれ以上はないってくらいに
価値高く活かさなければ、
なんのために生まれてきたやら、
ほんとうにもったいないですよ

『君に成功を贈る』より

――せっかくなら潜在意識に大きなエネルギーを生み出してもらおう！

親より進化することがあなたの役目

● ● ●

せっかく与えられた人生、自分の力を精いっぱい使い切りましょう。

価値ある人生を生きると決断すると「挑戦」への意欲が高まります。日々、流されるままに生きていれば、何事も「まあ、いいか」となってしまいます。

自分に与えられた時間が有限であることを意識しなければ、「まあ今日やらなくてもいいか」という1日を積み重ねることになります。

良い決断をくり返すことで、生み出す価値は最大化されます。

私は自分の親より広く、高い世界を見て、その世界で生きることが親孝行だと考えています。子供が親の生き方を進化させて実践することが、与えられた役割だと思うのです。

それが脈々とつながっていくと、人々の幸せ、世の中の進化に貢献することになります。

せっかく生まれてきたのですから、社会の進化に役立ちましょう。それは、必ず大きな成果となり、あなたの自己実現のひとつの要素となります。

潜在意識を活用するのなら、小さなエネルギーより大きなエネルギーを発揮してもらったほうがいいですよね？　潜在意識は、あなたの大成功を常に願っているのです。

76

なんでも喜べ。なんでも感謝しろ

『力の結晶』より

――どんなときも、喜び、感謝する人は無敵！

人にだけ与えられた〝感情を変えられる〟という貴重な能力

どんなことでも喜び、感謝できれば、心は常に積極的な状態になります。

当然ですが、人は喜んだり、感謝しているときには、明るく朗らかな気分になります。朗らかな気分のときに、暗い気持ちになるのは難しいのです。

叱責（しっせき）されたり、批判されても、喜びと感謝に変えることができるのが人間です。

もし、人から嫌なことをされたとしても、「原因はなんだろう、ここを修正すればいいかもしれない」と、次への希望となります。

瞬間的に怒りや恐怖をわき上がらせてとらわれるのは、自分の思慮（しりょ）の浅さ、器の小ささの証明です。

あらゆる問題には〝あなたを成長させてくれる要素が含まれている〟ということを忘れないでください。

何があっても心の状態だけは積極的にする——。喜び、感謝の気持ちで日々生きることで、それは可能になります。

喜ぶか喜ばないか、感謝するかしないか、これは自分自身で決められることです。

77

「やあ、元気か！」
「しっかりしろ、元気出せ！」

『運命を拓く』より

――「元気か！　しっかりしろ！」

自分も周りの人も勇気がわく言葉を使おう

●●●

天風先生は、どんな人と会っても「やあ、元気か！」とあいさつをするそうです。さらには、相手の顔色が悪かろうと、今死にそうであろうと「しっかりしろ、元気出せ！」と声をかけるそうです。

あなた自身はもちろん、あなたに関わるすべての人が、勇気がわき、喜びを感じる言葉を使いましょう。

積極的な言葉を言い合える人は貴重です。

私には、成長を目指す仲間たちがいます。

積極的な精神の人々が集まる場所に行けば、いい言葉を投げかけ合うことができます。私の仲間たちは、誰かが「〇〇やろうかな」と言うと、みんなで「それやろう！」と励まします。リスクについて話をする人はいません。

人は、なかなか思い切った行動ができないものです。そんなとき、「やってみたら」と言ってくれる仲間は貴重です。積極的な言葉をもらうことで、未来を明るく見ることができるのです。

78

得意淡然、失意泰然

――終わりを慎むこと、始めのごとくあれ

『真理のひびき』より

絶頂期も失意のときも〝隙(すき)〟をつくらない

「得意淡然、失意泰然」とは、得意満面の絶頂期でもさっぱりとして浮かれることなく、失意のときでも落ち着いて動じない、という意味だそうです。

人生を価値あるものにするには、調子がいいときに心の準備をゆるめないことです。油断すると、気のゆるみから、最適な思考と行動ができなくなってしまいます。

調子に乗ったときほど有頂天になり、悪い結果が生じやすいもの。

また、勝利を確信してしまうと、隙が生じます。

武道では、「終わりを慎むこと、始めのごとくあれ」と言われます。安易に心をゆるめず、常に積極的な平常心でいることです。

仕事でも、人間関係でも、最初は相手ファーストができていても、時間がたつと、自分ファーストになり、関係が悪くなることがよくあります。

仕事も、人間関係も慣れてきたときほど初心を思い出しましょう。

成功をつかむ人は、物事を始めるとき、途中、最後、トータルで油断なく、平常心で向かっています。

79

特に意識的に、積極的の事柄のみを想像し、思念するということをやるんですよ

『心を磨く』より

――人間関係の恐怖は、自分の考え方がベースになっている

なぜ、あえて自分で恐怖を大きくするの？

天風先生は、寝際に限らず、電車やバスの中など、さまざまなタイミングで積極的な事柄を考えることをすすめています。

私たちは意識しないと、消極的な感情を多く思い浮かべています。だから、その反対のことをやればいいということです。

明るく、元気になることのみを心に思い起こし、常に積極的である習慣をつけましょう。

「あの人がこういう意地悪をしてきたらどうしよう」「会議であの人が反対意見を言ってきたらどうしよう」

人間関係や仕事で悩む人は多くいますが、それは恐怖をわき上がらせる想像をあえて自分でやるからです。

まだ見ぬ恐怖を増大させ、ネガティブな感情で身動きができなくなってしまいます。

意地悪をしてきたら、反対意見を言われたら、と考えるということは、すなわち自分が相手と接するときにこういう考えをベースにしているということです。

消極的な感情より積極的な感情を増やすクセをつけてください。

80

お互いに助け合いが
この世の中の本来の姿だ
ということがわかったらば、
どんな場合があろうとも、
常にこれはもう正直、親切、愉快を忘れないで、
常に平和と愛を失わない

『真人生の創造』より

――他人がいるから満足感を味わえる

結局、正直、親切、愉快に人とつき合うことが大事

自分さえ満足できればいい、と思ってしまう瞬間は誰にでもあります。しかし、満足感は他人がいるから味わえる、ということを忘れないでください。

あなたの生きている世界には、自分以外の人がいることを忘れてはいけません。自分ひとりの世界で生きていても、楽しくも、おもしろくもないはずです。人生の満足感を高めるためには、他者の存在が欠かせません。

社会は人と人とのつながりで成り立っています。

人とのつながりがあるから、自分の存在を認識できます。

助けられ、助けることで、人生はうまく回っていくのです。他者との関係を大切にしていきましょう。

人とつき合うのなら、浅く広くよりも、少数でも本気のつき合いをしましょう。

嘘をつかず、相手のことを思い、良い刺激を与えられるように、人づき合いは行なってください。

正直、親切、愉快に生きることが大切です。

81

何もかもすべて
この潜在意識の力に任せて
生きるようにしてごらん

『力の結晶』より

――顕在意識のブレーキをゆるめよう

顕在意識が、潜在意識の邪魔をしない習慣を持つ

人間の生命活動は無意識に行なわれているものが多くあります。心臓も肺も、意識して私たちは動かしていません。

潜在意識は、無意識のときも、寝ている間も、常に活動してくれています。そして、潜在意識は疲れを知りません。

顕在意識のみに頼っていると、自分をどんどん消耗させてしまうことになります。人づき合いでも、仕事でも、疲れてしまうのは顕在意識で理屈ばかり考えてしまうからです。

潜在意識の力を信じて、何もかも任せてみてください。人生が好転します。将来へのいいイメージを持ち、いい感情で日々過ごしていれば、放っておいても潜在意識は理想の実現に動いてくれます。

顕在意識が悪い影響を与えない限り、私たちは積極的に生きることができるのです。マイナスの顕在意識は、潜在意識に影響を与えるということを忘れないでください。

潜在意識がアクセルで、顕在意識がブレーキ的な役割をしてしまうこともあります。ブレーキをかけすぎれば、当然車は動きません。

82

ああなったらいいなあ
というものが、
すでに、成就してしまったときの
気持ちや、姿を、心に描くのだ

『運命を拓く』より

――当然、イメージしたことは実現できる

潜在意識は理想と現実のギャップを埋めるために働く

「こうなりたいな」という程度の気持ちでは、現実はなかなか変えられません。達成した自分の姿も、達成するまでの道のりもイメージできないからです。

人は、鮮明にイメージしたものしか、実現させられません。

イメージは、「こうなったらいいな〜」という姿ではなく、「こうなった！」という姿をイメージしなければならないのです。すでにそうなっている姿をイメージすることで、潜在意識は現実とイメージの差を埋めようと働いてくれます。

「ああなりたいなー」という気持ちは、まだ願望でしかありません。願望は具体的にイメージすることで成就します。

願望には、仕事、人間関係、お金、健康など、さまざまな分野のものがあるでしょう。これを一つひとつイメージすると時間がかかりすぎてしまいます。

そこで、私がおすすめするのは、あらゆる分野の願望をひとまとめにしたイメージをつくることです。たとえば、健康体で仕事をバリバリこなしているイメージをすると、「健康」「仕事」「お金」という分野の理想像をまとめたイメージが出来上がります。

83

暑いなあ、余計元気が出るなあ

『運命を拓く』より

——「元気が出るなあ」で、消極的な言葉を無力化する

刺激を受けてそのまま発言するのをやめる

人は、五感からさまざまな刺激を受け取ります。そして、その刺激はポジティブなものだけではなく、当然、ネガティブな感情を生み出すものもあります。

人間なので、瞬間的にネガティブな感情がわくことはあっていいのです。これをすべて消すことは誰にも不可能ですから。

しかし、感情が乱れたからと言って、わざわざ消極的な言葉を発する必要はありません。暑いからしんどい、疲れたからめんどう、といったように言葉を発していては、自分の感情を自分でより乱してしまいます。

もし、消極的な言葉を発してしまったら、そのあとに、積極的な言葉を言うよう心がけてください。言葉は、ポジティブで締めることが大切です。天風先生は「暑いなあ、余計元気が出るなあ」と、暑さをポジティブに変換する言葉を紹介してくれています。

誰に聞かせる必要もないひとり言なのですから、何を言ってもいいのです。すべての言葉をポジティブに！　たとえば、何があっても、「最高！　最高！」でいいのです。繰り返し言っていれば、実際に気分も良くなってくるものです。

84

何だ、このくらいのこと

『力の結晶』より

――なんだ、このくらいのこと。たいしたことない！

「大変だ！」と思考を堂々巡りさせても何も変わらない

恐怖が心の中に充満すると、人はフリーズしてしまいます。「大変だ！　大変だ！」と頭の中で繰り返していても、状況は何も変わりません。

恐怖で思考が停止したとき、身動きが取れなくなったときは、こう考えてみてください。

「なんだ、このくらいのこと」

困難な場面では、焦って能力も下がるものですが、そんなときほど、ネガティブな感情を強い言葉で打ち消してください。

〝大変だ！〟と思ったら、直後に「なんだ、このくらいのこと！」とマイナス感情を打ち消してしまえばいいのです。

「いろいろ人生ではあると思うけど、命をとられるほどじゃない。死んだら追いかけてくる問題もないし、なんでもクヨクヨ取り組まない」

と、以前著名なコメンテーターの方が言っていました。これには私もとても納得し、心が楽になりました。

どんな困難にぶち当たっても、乗り越えていく人は山ほどいるのです。

そして、あなたは思い通りに生きられる

～今日から幸福になるのは簡単だ～

85

自然と幸福な人生が
与えられるようにできてるというのが、
これが本当の人生に与えられた
動かすべからざる、
私は約束だと思う

『真人生の創造』より

――人は生まれながらに幸福になれるようになっている

幸せになりたい人は、不幸せな人？

「幸せになりたい」と多くの人が言います。

しかし、これは「今、私は幸福ではない」と宣言しているようなものです。自分で消極的な気持ちを生み出していることにほかなりません。

「幸福になったから、うれしくなる」のではなく、「うれしいから、幸福になる」のです。いい感情を持つから、幸福になれるのです。

結果よりも、感情を重視してください。

どんなに結果を追い求めても、良い感情になれなければ、幸福は得られません。積極的な精神で前進していれば「自分は不幸せである」とは考えないものです。

積極性さえ持っていれば、求めなくても幸福は自然に感じられます。人間は「生まれながらに幸福になれる仕組みを持っている」ということです。

1時間は3600秒です。つまり、1秒1秒を大切にすれば、3600回、気持ちを積極的にするチャンスがあるということです。毎日、あなたにはたくさんのチャンスが巡ってきていることに、ぜひ気づいてください。

86

思ってる消極的な心持ちは、
これは本当の自分が
考えてるんじゃないと、
こういうふうに
否定しちまえばいいんだよ

『真人生の創造』より

――「インクがない、もうおしまいだ」と思う人はいない

なぜ、ボールペンのインクは替えるのに、心は変えないの？

●●●

あなたが持っているボールペンを例に考えてみましょう。

インクがなくなっても取り替えればいい、と思うのではないでしょうか？「インクがない、もうおしまいだ！」と思う人はいないはずです。

心とは、あなたがより良く生きるための道具であり、使うものです。使われるものではありません。心に振り回されて、あなた自身が道具になってしまってはいけません。

消極的な心が生まれても、自分の道具がそうなっているだけで、新しく積極的な心に変えればいい、と考えてください。

消極的な心がわき上がったら、すぐに「これは本当の自分が考えていることではない」と否定してしまいましょう。

消極的な感情にとらわれることから離れてください。第三者的視点で心の状態を観察し、「あ、今、心が乱れているな」と気づけると、ポジティブに心の状態を変化させられます。

積極的な思考から想像した理想の姿を、潜在意識はフルパワーで現実化させてくれます。

あなたは理想通りに生きるべきですし、その達成が許されているのです。

87

日々の自己の言行を
できる限り
人の世のためになることだけを
本位とし重点とするという心がけを、
自分の心とすること

『真理のひびき』より

――世のため、真心、愛をキーワードに目標を立てるメリット

消極的な心が芽生えてしまう目標とは？

人は、本能的、感覚的、感情的、理性的に満足する目標を立てると、挫折（ざせつ）してしまうものです。失望したり落胆したり、苦悩することになるからです。目標に向かっても、消極的な精神が浮かび上がってくるのです。

では、どういった目標ならかなうのかと言えば、「世のため人のためになる目標」「真心と愛の心で生きるという目標」だと天風先生は言います。

これは自己犠牲したり、自分の存在を小さくするということではないので誤解しないでください。この2つの目標を目指すと、消極的な心がわき上がらなくなります。

さらに、「絶対これを成し遂げたい」という目標は、潜在意識が動きやすい目標です。

これらすべての要素が含まれるものは、最高の目標だと言えます。

大切なことは、自分の小さな欲を多くの人のためになる大きな欲にすることです。常に世のためと考え、真心と愛ある心で目標に向かうと、積極的になることができます。

自分ひとりの身勝手な喜びで目標に向かってもむなしいだけです。自分も満足し、他人のためになることこそ、心の底からエネルギーがわくのです。

88

いいですか、
幸福も健康も成功も、
ほかにあるんじゃないですぜ。
あなた方自身のなかに
あるんだぜ

『君に成功を贈る』より

——幸福も成功もあなたの心の中に必ずある

「まだまだやれることがある」がワクワク感を生む

●●●

幸福も成功も、勝手にあなたの手の中にやって来てくれることはありません。自分自身でつかみに行く必要があります。

そして、幸福も成功も、あなたの心の中にあります。

人生に失望しているとすれば、それはあなた自身の心がそう感じているだけです。出来事や環境をネガティブに捉えているから、心が失望しているのです。

人生がつまらないと考えて、何かいいことありますか？　自分自身の考え方が心の状態をつくり、結果を生みます。物事には原因と結果があるのです。

ダイエットだって、誰かがやせた体を与えてくれるわけもなく、積極的に自分が頑張らなければ成功しません。ポジティブにダイエットに向き合い、やせるしかないのです。

何かを成し遂げたいなら、自分の心のあり方を積極的な方向に振り向けてください。

自分が得たいものを得られないときは「まだまだ自分にはやれることがある」と前向きに考えましょう。

人生を自在にデザインすることに、ワクワクしてくるはずです。

89

実現する！実現する！

『運命を拓く』より

――できる、できる！　実現する、実現する！

できると確信したことから潜在意識はかなえてくれる

●●●

潜在意識は、あなたが「できる！」と確信していることを優先的に実現していきます。達成への強い感情をともなった理想のイメージはかなえられるのです。

つまり、信念の強さに基づいて、思考を形にするということです。

「実現する！」

この言葉を何度も何度も繰り返し自分自身に向かって発すると、潜在意識は自動的にイメージを実現してくれます。

実現するという、信念があなたの中に生まれるからです。

潜在意識は自分の思い描いたことを達成するために、物事を選択していくし、意欲や勇気も出してくれます。

実現する、実現する、という強い意志が心に芽生えると、これは実現させるべきことだと、潜在意識は認識するのです。

繰り返し繰り返し「実現する！　実現する！」と口ずさむことで、潜在意識は夢の実現を早めてくれます。

90

よろこびだ、
感謝だ、
笑いだ、
雀躍(こおどり)だ

『真理のひびき』より

――よろこんで、感謝して、笑っていれば、うまくいくから安心しよう

気分が悪くては、思考も行動も良くならない

●●●

積極的な精神を保ち、心が折れないためには、人生のどんな場面でも喜ぶことです。

天風先生は、どんなときも「よろこびだ、感謝だ、笑いだ、雀躍（こおどり）だ（飛び上がるほど喜ぶ）」の精神で生きることが大切だと言っています。よろこんで、感謝して、笑って、飛び上がるほど喜ぶことで、人生は開けるのです。

暗い気持ちがあっても、積極的に考えるように努力すれば、潜在意識はネガティブな要素が入らないようにフタをしてくれます。

顕在意識がしっかりしていないと、潜在意識は有効に活用できません。だからこそ、意識化での思考や言葉はポジティブなものにしてください。

自分の人生をより良く充実させるために、潜在意識という大きな力を使いこなしましょう。楽しい気持ちを持つことで、潜在意識は働き、逆境も乗り越えることができます。

苦しいときこそ、何か楽しめることをやってみて、楽しい心の状態をつくってみてください。気分転換してポジティブな心をつくってください。

人生の質は、喜びをかみしめた数で決まるのです。

91

人間、
この世に患(わずら)いに来たとか、
不運になりに
来たのならばともかくも、
そうじゃないんですもん

『真人生の創造』より

――精神的長生きをしよう

幸福は、今すぐ手にできる

●●●

短命だったとしても、人生に喜びを感じて生きた人は長い時間を生きたことになります。精神的に長生きをしたことになるからです。

人生を価値あるものにするのも、無価値なものにするのも自分自身です。

不運な人生を送っているのなら、それは、自分が不運になるような消極的な心を持ったからです。逆に言えば、積極的な心でいれば、人生は常により良くなります。

人生とは、つらいこと、悲しいことを乗り越えるものだと考えて、自分を苦しめないでください。私たちは、幸福になれる心の仕組みを持って生まれてきています。

本当にやるべきことをやっていれば、心は常に積極的で、幸せに生きられるのです。

自分がやるべきこととは、「笑顔」「元気」「楽しい」「続けられる」という要素が含まれたことです。喜びを感じながら続けられることこそ、あなたがやるべきことです。

意識しないと気づきにくいのですが、あなたがやったことは、必ず誰かの役に立っています。

自分の理想をかなえながら、人の役にも立てれば、幸せになれないはずがありません。

あとがき

本書をつくるにあたって、みんなが毎日、朝から勇気と元気にあふれる本をつくるということを、私の課題としました。不確実な社会になり、何かを確実につかむ感覚が薄れ、みんなが心を消耗させているように感じていたからです。

本書の執筆が進んでいくうち、ふと思いました。私自身が、積極的な精神で日々、生きるようになっている、と。何事にも「積極的な心で向かう姿勢」になっていたのです。

気づけば、力に満ちた日々を送っていました。あなたのおかげです。

私たちは〝心しか〟確かなものを持っていません。人間関係も、お金も、仕事も、スキルまでも、不確実なものです。唯一の武器は心。

積極的な精神が土台となり、潜在意識を働かせ、思考を変え、行動を変え、理想の現実が形づくられます。私たちは、今すぐに、怒り、恐怖、不安、心配を手放し、楽しさ、喜び、勇気、感謝、幸福にあふれた、理想の人生を送ることができます。

本書だけではなく、天風先生の考えをもっと学んでみてください。人生が変わります。

あなたは本来、人生を思い通りにする素質を持っていることを忘れないでください。

井上裕之

青春文庫

【1日1分 中村天風】人生のすべてをつくる思考

どんなときでも、〝思い通り〟に生きられる91のヒント

2022年 8月20日 第1刷
2023年 4月30日 第2刷

著　者　井上裕之

発行者　小澤源太郎

責任編集　株式会社プライム涌光

発行所　株式会社青春出版社

〒162-0056 東京都新宿区若松町 12-1
電話 03-3203-2850（編集部）
03-3207-1916（営業部）
振替番号 00190-7-98602

印刷／大日本印刷
製本／ナショナル製本

ISBN 978-4-413-29810-0

ほんとうのあなたに出逢う　青春文庫

あなたの評価をガラリと変える！
「ことば」の1秒クイズ

話題の達人倶楽部［編］

漢字、カタカナ語、敬語などの
間違いやすい言葉を「クイズ形式」で紹介。
「日本語を正しく使う力」の総チェックに！

（SE-807）

地形で解く すごい日本列島

おもしろ地理学会［編］

日本の大きな川はどうして東日本に
集中してるの？……地図が、旅が、
街歩きがグンと楽しくなる！

（SE-808）

「水中遺跡」消えた日本史を追え！

「遺された歴史」取材班［編］

この発見が、真実の扉を開く。三方五湖で
見つかった二つのタイムカプセルほか、
時をこえた歴史探査の旅へ。

（SE809）

【1日1分 中村天風】人生のすべてをつくる思考

どんなときでも、〝思い通り〟に生きられる91のヒント

井上裕之

100年以上も、成功者たちが学び続けてきた、
思想家「中村天風」の不変の真理を、
〝潜在意識〟の視点で解説する。

（SE-810）